(PPP)

PUBLIC-PRIVATE PARTNERSHIP
——A BRIEF INTRODUCTION

政府和社会资本合作（PPP）知识读本

刘尚希　赵福军等 / 编著

中国财经出版传媒集团
中国财政经济出版社

图书在版编目（CIP）数据

政府和社会资本合作（PPP）知识读本／刘尚希，赵福军等编著．—北京：中国财政经济出版社，2017.2

ISBN 978－7－5095－7049－4

Ⅰ.①政…　Ⅱ.①刘…②赵…　Ⅲ.①政府投资－合作－社会资本－研究　Ⅳ.①F830.59②F014.39

中国版本图书馆CIP数据核字（2016）第262302号

责任编辑：杨　骁　　　　责任校对：徐艳丽

封面设计：汪俊宇

中国财政经济出版社 出版

URL：http：//ckfz.cfeph.cn

E－mail：ckfz@cfeph.cn

社址：北京市海淀区阜成路甲28号　邮政编码：100142

营销中心电话：010－88190406

天猫网店：中国财政经济出版社旗舰店

网址：https：//zgczjjcbs.tmall.com

北京财经印刷厂印刷

710×1 000毫米　16开　16.25印张　200 000字

2017年2月第1版　2017年2月北京第1次印刷

定价：39.80元

ISBN 978－7－5095－7049－4/F·5643

（图书出现印装问题，本社负责调换）

质量投诉电话：010－88190744

打击盗版举报热线：010－88190492、QQ：634579818

《政府和社会资本合作（PPP）知识读本》编写组成员

主　编：

刘尚希　中国财政科学研究院党委书记兼院长、研究员、博士生导师

赵福军　国务院发展研究中心对外经济研究部调研员、副研究员、中国财政科学研究院博士后

编写组成员：（按照姓氏拼音字母顺序排序）

冯　双　广东省广州市增城区国家税务局

樊轶侠　中国财政科学研究院副研究员、博士

耿可为　上海璟珅资产管理有限公司总经理

龚小澎　财政部驻河南省财政监察专员办事处副处长

韩晓峰　安徽省财政厅主任科员

黄栋栋　国务院发展研究中心办公厅副处长

吉富星　中国青年政治学院经济管理学院副教授、中国财政科学研究院博士

蒋天文　华中科技大学公共管理学院副教授、博士

梁　飞　中国财经出版传媒集团综合办公室副主任

罗弘毅　中国财政科学研究院博士研究生

彭岩富　中标国际招标有限公司中标国际工程咨询研究院院长助理、中国财政科学研究院博士

孙　静　中国财政科学研究院博士后

王景森　财政部综合司主任科员

吴　淼　华中科技大学公共管理学院副教授、博士

谢更喜　广东省广州市地方税务局大企业税收管理局

薛泽彬　深圳市中金岭南有色金属股份有限公司证券部副总经理

杨　骁　中国财经出版传媒集团中国财政经济出版社编辑、博士

杨铭钦　中国电建集团航空港建设有限公司党委书记、副董事长、教授级高级工程师

曾　铭　北京大成（广州）律师事务所公司并购部律师、中南财经政法大学法学硕士

曾祥坤　中国财政科学研究院博士研究生

前言

政府和社会资本合作（PPP）是资源配置与国家治理的新模式，是不亚于市场化改革的一项重大改革。2015 年我们承担财政部专项支持的《政府和社会资本合作立法研究》课题，在多次实地调研与召开的座谈会期间，我们发现，我国理论界和实务界对 PPP 的相关认识还存在不少分歧。这些认识上的分歧，既反映了我国当前与 PPP 相关的政策制定、制度设计还不够完善，也反映了对 PPP 的理论研究和实践探索还有待深入。基于此，我们围绕政府、社会资本等实践部门在 PPP 运作中常见的、较为关切的重要问题，组织了一批有丰富 PPP 理论研究和实务工作经验的专家和学者，编撰了本书。本书力求以通俗易懂的语言，结合我们的研究成果和相关政策，以问答形式阐述相关问题，希望能给读者以启发和思考，帮助读者增进对 PPP 的认识与理解。

政府和社会资本合作可以分为宏观和微观两个层次，因此本书在设计上，分为概论篇、宏观篇和微观篇。概述篇主要阐述什么是 PPP、PPP 的内涵与特征、PPP 与特许经营权区别、世界和中国 PPP 发展概况等内容。宏观篇主要阐述 PPP 涉及的主体、治理、产权安排、融资、法律、税收、评估、监管等内容。微观篇则主要阐述 PPP 项目的规划、识别、准备、采购、定价与付费机制、项目公司治理、合同等内容。

本书的编撰先后经历了征集问题、筛选问题、分工写作、撰写初稿、闭门研讨、修改完善等阶段，从最初策划到最终定稿用了一年多的时间。在编撰过程中，我们认真学习了相关政策文件、参阅了国内外相关研究成果，并及时融入PPP理论研究与实践发展的最新成果进行修改完善。

在编撰本书的过程中，来自财政部相关司局、地方财政部门、金融机构、咨询机构以及科研单位的许多专家学者对本书的问题征集与写作等提出了很多很好的意见和建议，在此表示由衷的感谢。除此之外，还要感谢中国财政经济出版社资助出版本书，感谢中国财经出版传媒集团综合办公室梁飞副主任、中国财政经济出版社杨骁编辑参与本书的策划、编辑和写作工作。

关山初度路犹长。未来一个时期，为了更好地推进PPP在我国发展，不仅需要加快完善相关政策、制度，更需要相关研究支撑。本书是我们尝试为PPP研究搭建的一个初步框架，不完善之处在所难免，欢迎读者批评指正与讨论，共同将中国PPP研究推向前进。

编　者

2017年1月

目录

第一篇　概述篇

第二篇 宏观篇

第三篇 微观篇

第一篇　概述篇

概述篇主要侧重分析政府和社会资本合作的概念、内涵、特征、涉及的主题，以及政府和社会资本合作在全球范围和我国发展概况等内容。

第一章
对政府和社会资本合作的认识

中国语境下的政府和社会资本合作内涵是什么，如何认识政府和社会资本合作的特征、形式以及与政府特许经营权、政府主导公共服务提供方式之间区别联系？对政府和社会资本合作的这些基本认识，既是推进实践发展的需要，又是政策研究和理论研究需要，需要正确把握。

一、政社合作的概念、内涵与治理

问题1　如何认识中国语境下的政社合作？

PPP是Public－Private Partnership的字母缩写，直译为“公私合作”，在我国语境下则使用“政府与社会资本合作”。在我国将PPP中的第二个P（Private）翻译成“社会资本”，不叫“私人资本”，它是相对于政府资金而言的。只要不是政府的资金，都可以叫社会资本。在我国语境下，提出“社会资本”这一概念，本身就是创新，“社会资本”具有两层含义：一是社会资本的经济属性，表现为经济资本，追逐利润；二是社会资本的社会属性，社会资本承担的社会责任。社会资本进入公共服务领域，不仅是为利润，还体现为承担一份社会责任。

在我国，国有资本以社会资本形式参与PPP项目，也体现了两种属性。一方面，国有资本是经济资本，要保值增值；另一方面，国有资本具有社会责任感。

问题2　认识政社合作的内涵主要有哪些视角？

目前，对PPP至今没有公认的精确定义，国际组织和发达国家普遍把PPP理解为政府和企业的一种伙伴关系，世界银行将PPP定义为公私合营伙伴。不论哪种的定义，其核心都是政府与社会资本（或企业）合作提供公共服务，具体见专栏1－1。

专栏1－1　国际组织关于PPP的定义

世界银行①：PPP是政府和社会资本间就提供公共产品和服务签订的长期合同，其中社会资本承担实质风险和管理责任。

亚洲开发银行②：PPP是为开展基础设施建设和提供其他服务，政府和社会资本之间可能建立的一系列合作伙伴关系。

联合国开发计划署③：PPP是指政府、营利性企业和非营利性组织基于某个项目而形成的相互合作关系。通过这种合作关系，各方可以达到比预期单独行动更有利的结果。在这种关系中，政府并非把项目的责任全部转移给社会资本，而是由参与合作的各方共同承担责任和融资风险。

欧盟委员会④：PPP是政府和社会资本之间的一种合作关系，其目的是为了提供传统上由政府提供的公共产品或服务。

关于对PPP的认识，有基于经济学、财政学、法学等学科视角，既有学者将PPP看成一种融资工具，也有学者将PPP看成是化解地方

① World Bank. *Public－Private Partnership Units*. 2007. P2.

② Asian Development Bank. *Public－Private Partnership Handbook*. 2008. P1.

③ United Nations Institute for Training and Research. PPP－For Sustainable Development. 2000.

④ European Commission. *Guidelines for Successful Public－Private Partnerships*. 2003. P16.

政府债务工具，具体见专栏1－2。

专栏1－2 经济学、财政学、法学视角下对PPP的一些认识

经济学将PPP看成一种基础设施融资工具和促进城市复兴与开发的工具。

财政学对PPP的认识是，政府和社会资本合作方式能够更有效提高公共服务的质量和效率；能够减轻政府债务压力，舒缓财政风险；有利于提高公共部门管理水平。

法学视角认识PPP，更多强调PPP模式中政府和社会资本在契约中的权利义务关系，强调PPP的法律关系，包括法律关系的主体、内容、客体等。

——资料来源：本专栏根据《以共治理念推进PPP立法》（刘尚希、王朝才等著，中国财政经济出版社，2016年10月）部分内容整理而成。

我们基于资源配置、国家治理的视角认识PPP：

一是PPP是资源配置的新模式[①]。市场和政府是已有的两种资源配置模式。按照政府、市场之间关系的“二分法”思维，政府与市场之间应当泾渭分明，市场能有效发挥作用的领域交给市场，公共服务的提供只能是交给政府。这种由政府主导公共服务提供的认识逻辑如专栏1－3所示。公共产品与私人产品的划分成为政府与市场分工的基本依据。但现实的情况是，即使在公认的公共领域，也并非政府独占，社会主体也可以提供公共服务。市场、社会的作用领域可以扩大到传统理论认为只能由政府发挥作用的公共领域。就此而言，至少要基于政府、市场、社会三者之间关系构建的“三分法”思维，推进多元主体之间的

① 本部分根据“政府与社会资本合作：公共服务体制机制改革的切入点”（刘尚希、赵福军，《中国经济时报》2016年1月28日）一文整理而成。

分工与合作。按此认识，资源配置模式不仅有市场、政府两种模式，还包括政府和社会资本合作的第三种模式。

专栏1－3　政府主导公共服务提供的认识逻辑

在财政学、公共经济学已有的认识认为，当市场失灵时，政府应发挥作用，其中包括政府提供公共服务。提供公共服务是政府应有的职责，或者说是政府“单边责任”。基于这种逻辑，政府与市场之间有明确的分工，政府与市场活动边界和范围划分泾渭分明。市场提供私人产品，政府提供公共服务，并由此衍生出与政府主导公共服务提供相适应的国家治理模式。在政府主导公共服务提供模式下，政府通过税收、收费为公共服务提供财力支持，也有通过建立国有企业提供公共服务。政府为了提高公共服务效率，通过向社会、市场放权、中央向地方放权方式，让社会、市场、地方政府参与公共服务提供。即便是在公共服务提供中引入社会资本，也是基于提供公共服务是政府的责任的思维。从BOT的含义不难看出，由社会资本建设、运营公共服务一段时间后，仍需要移交到政府手中，表明了基于公共服务提供是政府的单边责任思维。在政府特许的公共服务领域，政府通过行政授权、行政许可方式允许社会资本参与公共服务提供，这也体现更为明显的“提供公共服务是政府的思维、政府向市场放权”的思维。

——资料来源：本专栏根据《以共治理念推进PPP立法》（刘尚希、王朝才等著，中国财政经济出版社，2016年10月）部分内容整理而成。

二是PPP是国家治理的新模式①。政府和社会资本合作已成为公共

① 本部分内容根据“基于治理、资源配置视角对政府特许经营与PPP的认识”（刘尚希、陈少强、陈新平、谭静、于雯杰、赵福军，《经济研究参考》2016年第15期）一文整理而成。

服务提供的重要模式的现实，需要从公共服务是政府、市场、社会的共同责任的逻辑起点出发，重新认识。我们从“公共风险决定公共服务提供是政府、市场和社会共同责任，并需要政府、市场、社会共治”逻辑出发，认识 PPP。

公共风险决定公共服务提供是政府、市场和社会共同责任。风险与不确定性无时不在。很多风险与不确定性影响范围比较广泛，形成公共风险。公共风险是指产生社会性影响的风险，具有很强的外部性（刘尚希，2002）。为了化解和防范公共风险，需要提供公共服务。因此可以这么认为，公共品或公共服务提供是由公共风险决定的，公共品或公共服务是化解和防范公共风险的一种结果。从公共风险影响范围来看，公共风险在形成和累积过程中，会对政府、市场和社会产生影响，需要政府、市场和社会共同提供公共服务以应对公共风险。

公共服务提供的共同责任决定由政府、市场与社会合作提供并共治。政府、市场与社会可以根据公共服务提供的需要和各自优势，开展多种形式的合作。政府、社会、市场之间就公共服务提供签署合同，各方处于平等地位，共同治理。PPP 项目涉及目标各异的政府、市场、社会、居民等多主体。这些主体要合作，需要共建相关机制与制度。为应对 PPP 项目中的不确定性与风险，需要政府、市场、社会共同治理并共担不确定性与风险。为促进政府与市场、社会合作形成并维系，必须让这些参与方共享收益。政府和社会资本合作在宏观治理层面，政府、市场与社会各方共治；在微观治理层面，政府、市场与社会各方共建机制、共治风险与共享收益。政府、市场与社会在政府和社会资本合作中共治核心内容是行为共治。

问题3 政社合作主要有哪些特征①？

一是政府和社会资本合作提供的是公共服务。这是区别是否是 PPP 项目的重要一点。一个项目是否是 PPP 项目，重要的标准就是项目是否包括公共服务，如果不包括公共服务，就不是 PPP 项目。公共服务包括基础设施、教育、医疗卫生、养老、环境治理、市政建设等。政府和社会资本合作不适用于商业化领域。

二是政府和社会资本合作重点在于 PPP 项目运营。即便是政府和社会资本合作提供公共服务，如果仅仅在项目建设方面进行合作，不是 PPP 项目。PPP 项目核心在于公共服务项目运营。

三是 PPP 项目涉及的主体多。PPP 项目中的参与主体数量多且极其复杂，包括居民、政府、直接关联主体（民营企业、国有企业或混合所有制企业、外资企业；资金方、施工方、运营方）和间接关联参与主体（金融主体、教育、咨询机构、律师事务所）。从参与主体的结构来看，可以分为独立参与主体和联合体，比如：施工企业与资金方组成联合体，投资建设、运营一个 PPP 项目。从合作环节看，它可以是几个主体在 PPP 项目中的建设、运营等一个、几个或所有环节合作；从合作动机上看，几个主体可以是形成技术联盟，或者形成收益联盟，或者是风险联盟，或者是为了增信需求，或者是综合合作等，比如：基金公司与施工企业合作。

四是 PPP 项目合同的不完全性。由于信息不对称以及未来环境变化的难以预期等原因，政府与社会资本签订合同时，很难完全将未来变化进入合同条款，使得 PPP 项目合同呈现不完全性。

五是 PPP 项目跨主体、跨行政区域和跨期性。有许多项目（比如：道路、城市综合管廊、河流流域治理、大气治理等领域项目），跨越多

---

① 本部分内容根据《中国 PPP 理论与实践》（赵福军、汪海，中国财政经济出版社，2015 年 11 月）一书整理而成。

个行政治理管辖区。很多PPP项目涉及不同政府部门，比如涉及发改、财政、其他政府相关职能部门，使得PPP项目具有跨行政部门特征。PPP合作具有时间长的特点，许多项目合同期限不低于10年，一般在20～30年左右。财政部《关于进一步做好政府和社会资本合作项目示范工作的通知》（财金〔2015〕57号）规定，政府和社会资本合作期限原则上不低于10年。

问题4　政社合作能发挥哪些作用？

一是提供更多、更好的公共服务。积极鼓励市场、社会主体参与提供公共服务，可以充分发挥这些主体的优势，整合社会资源，提供更多、更好的公共服务。

二是PPP对治理地方政府债务具有积极的作用。PPP项目可以改变政府的收入支出现金流，缓解当期支出压力，有利于缓释财政风险、平滑政府债务。PPP应用于存量资产，选择TOT（转让—经营—转让）的方式，提高公共资产维护或运营效率，有利于防范存量债务风险；PPP应用于新增项目，通过合理的风险分担机制，在公共资产的设计、建设、维护和运营等环节上提高项目效率，有利于防范新增债务风险①。

三是PPP是不亚于市场化改革的一项重大改革②。PPP对改革具有牵引性、辐射性，将会改革整个社会的利益结构和风险结构。公共服务由政府和社会资本合作提供，不是完全由政府一家扛，政府就不一定要收那么多税，可以由大家一起来干，改变了利益结构。与此同时，也改变了风险结构。政府可以提供更多优质高效的公共服务，老百姓获得了更高水平的公共服务，就意味着公共消费就扩大了，老百姓总体消费的

---

① 本部分根据“运用PPP治理地方政府债务需注意的问题”（樊轶侠，《中国发展观察》2016年第5期）一文整理而成。

② 本部分是根据“PPP是不亚于市场化改革的一项重大改革”一文（刘尚希，中国财政科学研究院《财政研究简报》2016年第1期）整理而成。

水平和质量都会得到提升，就避免了很多因为公共服务、公共设施、公共消费不足给个人带来的各种各样的风险，从而改变了社会的风险结构。如前文所述，PPP 是国家治理的新模式，PPP 有助于促进重塑整个国家的治理结构，改变了政府与市场、社会的关系，对国家治理结构、对改革、转变政府行为方式的改革具有牵引作用，对企业（包括民营企业和国有企业）改革的推动作用也很明显，有助于推动整个国有企业和国有资产管理体制的改革。

二、对政社合作的比较认识

问题 5　政社合作与政府主导公共服务提供模式有何区别？

一是逻辑起点不一样。政府主导公共服务模式的逻辑是，当市场失灵时，政府应进行干预，其中包括政府提供公共服务。提供公共服务是政府应有的职责，或者说是政府“单边责任”。基于这种逻辑，政府与市场之间有明确的分工，市场提供私人产品，政府提供公共服务，并由此衍生出与政府主导公共服务提供相适应的国家治理模式。而 PPP 模式的逻辑是，公共服务提供是政府、市场、社会主体的共同责任，决定了公共服务由政府、市场与社会合作提供并共治。政府、市场与社会可以根据公共服务提供的需要和各自优势，开展多种形式的合作。

二是公共服务供给效率不一样。政府主导公共服务提供，由于参与主体缺乏有效竞争，导致公共服务提供效率不高。而运用 PPP 提供公共服务，市场主体不仅会有追求降低公共服务成本的内在动力，还会提高公共服务的时间效率，可以在更短的时间内提供更多的公共服务，也会以更高的质量提供公共服务。

三是政府发挥的作用不一样。在政府主导提供公共服务模式中，政府既是公共服务的生产者、运营者，又是监管者、管理者；而运用 PPP 提供公共服务，政府和社会资本合作提供公共服务，政府投入减少甚至不需要投入，公共服务运营、生产可以交给市场，政府的角色则定位于制定政策、规划和监管公共服务质量，核心作用是降低政府与市场、社会合作中的不确定性，重新分配风险①。

四是运作模式和治理模式不一样。在政府主导提供公共服务模式中，政府负责管理、监管；而运用PPP提供公共服务的治理主要体现为共治，在宏观层面，政府、市场、社会主体共治；在微观层面，共建、共享，政府、市场、社会主体共建PPP项目运营机制和能力，共享PPP项目收益，共治PPP项目风险。

需要指出的是，政府主导公共服务模式也包括政府购买公共服务形式，但政府采购公共服务与PPP中的购买公共服务存在着区别。政府采购公共服务可能体现为政府一次性购买公共服务，而PPP中的政府购买公共服务侧重于政府长期购买公共服务，体现长期性。

问题6　运用政社合作方式提供公共服务比政府主导公共服务提供拥有哪些优势？

运用政社合作方式，鼓励市场、社会参与提供公共服务，不仅能降低财政负担、提高供给效率和改善供给质量，更重要的是能贯穿公共治理的理念，推动全社会走向共建、共治和共享。治理是基于共同体的多元共治，突破了“单边责任”和“单边义务”导致的困境，有助于提升社会参与度和满意度。应该说，政府和社会资本合作能实现政府、市场、社会三者之间激励相容，让公众有更多的获得感和满足感。运用政府和社会资本合作方式提供公共服务的优势，可以总结为“五个更加”②。

① 本部分根据“政府与社会资本合作：公共服务体制机制改革的切入点”（刘尚希、赵福军），《中国经济时报》2016年1月28日）一文整理而成。

② 本部分内容节选自“政府与社会资本合作：公共服务体制机制改革的切入点”（刘尚希、赵福军），《中国经济时报》2016年1月28日）一文部分内容。

一是公共服务供给更加有效率。以更低的成本提供公共服务。运用政府和社会资本合作方式，鼓励市场、社会主体参与提供公共服务。对于市场主体来说，参与公共服务提供的动力在于综合考虑收益、成本与风险，追求未来的利润。企业参与 PPP 项目时，会有追求降低公共服务成本的内在动力。从宏观视角来观察，还可以大大提高公共服务的时间效率，可以在更短的时间内提供更多的公共服务。例如公路交通服务，如果没有社会资本的参与，单靠政府投资来建设，恐怕到今天也没几条高速公路。我国公共服务基础设施发展的速度远远快于其他发展中国家，没有社会资本的参与是无法想象的。

以更高的质量提供公共服务。对于政府等公共部门来说，运用政府和社会资本合作方式提供公共服务的动力在于，可降低财政负担，实质上也是降低社会的负担。通过招投标方式选择公共服务供应的参与者，可促使公共服务质量提升。引入市场机制，可以鼓励市场、社会通过不同形式参与供应公共服务，既能解除政府财力约束，也能带来“合作效率”，不仅可增加公共服务供给规模，也能提升其供给质量。

二是动员资源更加广泛。可以跨界、跨区域、跨领域动用资源，突破现行体制机制的限制和财政资金约束。政府作为提供公共服务的主体，动用资源容易受体制机制和行政边界的约束。而运用政府和社会资本合作方式提供公共服务，则能突破体制机制和行政边界约束，跨区域、跨领域、跨部门组织动员资源，拓展了可行配置空间，减少了因行政、区域分割带来的冲突和低效率。可动员人力、资本、技术、管理等各种资源广泛参与，充分发挥市场、社会的作用。政府和社会资本合作，从广义来说，既可以包括存量，也可以针对增量。对于已经建成的公共设施和政府已在提供的公共服务，可以实行特许经营和特别授权，通过市场和社会主体来运营管理提供公共服务，如医院、养老院等；对于新建公共设施和将要新提供的公共服务，可以从一开始就让社会资本参与，从设计、建造、采购、运营、管理等环节全程参与，可弥补政府自身能力的不足，如资本、人力、专业性等方面的不足。在微观上合作共赢，在宏观上共建共治。

三是推动资源配置模式更加扁平化。政府提供公共服务时，按照政府科层组织模式进行配置资源，资源配置模式呈现垂直化特征。行政组织垂直化管理和配置资源时，虽然能有效实现组织目标，但经历行政层级多、耗时较长。运用政府和社会资本合作方式提供公共服务，动员市场、社会力量参与提供公共服务，可以SPV（特殊目的公司）为载体运营，降低资源配置垂直化高度，使得资源配置模式更加扁平化。

四是公共服务供给机制更加灵活。（1）合作方式更加灵活，政府可以通过购买、股权合作、租赁经营等多形式，与市场、社会合作提供公共服务，满足不同类型的需求。（2）供给机制更加灵活，由政府供给公共产品会因体制机制影响而缺乏对公共需求的回应。但运用政府和社会资本方式追求顾客导向，通过引入市场机制、公民参与管理、公共服务提供的小规模化等措施，给公民（顾客）提供“以脚投票”即自由选择服务机构的机会，征求他们对公共服务的意见和要求，并根据这些意见与要求进行提供。公共服务提供出来后，评估满意程度，以此提高服务质量。（3）运作方式和操作方式更加灵活，政府和社会资本合作方式包含的类型多，可以根据不同地区、项目的具体情况选择。由于PPP项目的长期性，政府政策、市场需求、产品技术等各个方面都可能发生变化。因此，在PPP项目中，政府与市场、社会各方会充分考虑到项目期间内发生变化的可能性，并将其写入PPP项目合同中。

五是各参与主体更加平等化。运用政府和社会资本合作方式提供公共服务，政府以平等身份参与进来，不是居高临下地命令指挥，而是平等协商，按照契约来界定各自的利益和风险、权利和义务。政府尽管以公共主体身份肩负着化解公共风险，维护公共利益的使命，但一旦以合作方身份出现，就要平等参与，不能以行政权力行事。政府、市场、社会各方，都应遵循平等协商的“自由契约”原则，无论全程参与公共服务，还是参与某一个环节，收益与风险的界定，都不能以强力来实现。只有平等参与，才不会背离共建共治共享的基本理念。

问题7 如何认识政府特许经营权？

提到政府特许经营，通常联想到的英文词汇是 concession。“Concession”本义为“特许权”、“让渡”，国内却简单地翻译为“政府特许经营”，这本身是不严谨的。特许权（政府行政权）与经营权（民事权利）是两种不同的权利，“特许”就是特许，“经营”就是经营，不能把两者混为一谈。特许是一种纵向的行政关系，具有专有性和垄断性，而经营权则暗含着一种平等的经济关系。从公共服务项目看，需要经过政府批准的，就是特许的过程，至于经营权怎么转让，就变为一个平等的合作关系，变成一种伙伴关系。

问题8 政社合作与政府特许经营之间有何区别？①

随着我国 PPP 实践开展，学术界、实践部门对 PPP、政府特许经营的关注越来越多，对 PPP 与政府特许经营之间的区别联系也没有形成共识。有人把政府特许经营视为政府和社会资本合作的一种方式或类型，也有人认为 PPP 是落实政府特许经营的主要方式。到底这些认识能否成立，PPP 与政府特许经营之间是什么样的关系，需要认识清楚。我们认为，这些认识完全是一种误解。应从治理、资源配置视角认识政府特许经营与 PPP 之间关系。政府通过特许经营、PPP，引导和配置资源。与此同时，政府通过特许经营、PPP 方式提供公共服务，能实现公共目标。可以这么认为，政府特许经营、PPP 都是治理的重要工具和资源配置方式，但这两者之间存在明显差别。

---

① 刘尚希、陈少强、陈新平、谭静、于雯杰、赵福军：“基于治理、资源配置视角对政府特许经营与 PPP 的认识”，《经济研究参考》，2016 年第 15 期。

一是政府特许经营主要侧重政府管理、配置资源。从国际通行做法看，特许经营可分为政府特许经营（基础设施/公用事业特许经营）与商业特许经营。商业特许经营在我国起步较早且发展相对成熟，相关法律主体之间基于平等的法律主体地位和民商事合同而协同合作。政府特许经营起步较晚，且主要是指公共基础设施和公用事业领域的特许经营。政府特许经营是指政府通过让渡公共基础设施和公用事业领域的经营权（占有权、使用权和对自身经营的部分收益权处分权）而获取收益。政府特许经营的逻辑起点是市场失灵。因自然垄断、外部性等市场失灵出现时，需要政府提供公共服务，并进行管理。其中，政府特许经营是政府管理中重要的工具。政府特许经营通过行政授权，允许社会资本进入公共基础设施和公用事业领域。政府通过行政合同特许社会资本经营，侧重政府管理，与传统计划经济的“正面清单”思维相吻合。在政府特许经营中，社会资本与政府的地位不平等，政府处于管理方，社会资本属于被管理对象。

二是政府和社会资本合作主要体现共治，是资源配置的新模式。虽然政府和社会资本合作提供公共服务，但 PPP 的逻辑起点不同于政府提供公共服务模式。已有的经济学认识是，市场能有效发挥作用的领域交给市场，公共服务的提供只能是交给政府，政府与市场之间分工应当泾渭分明。但现实的情况是，即使在公认的公共领域，也并非政府独占，社会主体也可以提供公共服务。如果沿用这种思维与逻辑分析，市场、社会可以提供公共服务，政府与市场、社会合作可以使公共服务供给效率有所提升。认识 PPP，应从治理、资源配置角度认识。政府与市场、社会合作提供公共服务的逻辑起点是，提供公共服务是政府、社会、市场等主体的共同责任，政府、社会、市场合作提供公共服务。政府、社会、市场之间签署民商合同，各方处于平等地位，共同治理。PPP 项目涉及目标各异的政府、市场、社会、居民等多主体，这些主体要形成合作，需要共建相关机制与制度。针对 PPP 项目中的不确定性与风险，单靠政府或市场、社会都难以解决，需要政府、市场、社会共同治理并共担不确定性与风险。政府与市场、社会合作形成、维系，必须满足各参与方的激励相容条件，参与各方收益共享。基于提供公共服务是政府、社会、市场等主体的共同责任的逻辑，衍生出政府、社会、市场合作提供公共服务及其相应的机制、模式等。综合以上分析，PPP是资源配置的新模式，是除政府、市场之外的第三种模式；是政府、社会、市场各方共治、机制共建、利益共享、风险与责任共担的模式。

政府特许经营与PPP是两种不同的治理模式和资源配置模式，政府特许经营主要侧重政府管理和配置资源，与政府主导公共服务提供、正面清单管理、行政授权等一脉相承；而PPP主要体现政府、市场、社会各方共治，与公共服务提供主体多元化、负面清单管理、国家治理现代化等契合。政府特许经营和PPP的比较如专栏1－4所示。

专栏1－4　政府特许经营和PPP的比较

	政府特许经营	狭义PPP
逻辑起点	市场失灵⟶政府提供公共服务⟶政府特许经营	公共服务并非政府独占、多元化、共同责任⟶PPP
管理理念	正面清单管理	负面清单管理
权力配置模式	放权	分权
双方法律地位	不平等	平等、共治
机制建设	政府主导	共建
收益分享	超额利润不共享	共享
风险承担	经营主体自担为主	共担
合作依据	政府许可	PPP协议
合同类型	行政合同	民商事合同

问题9 政社合作项目与BT项目之间有何区别？

BT是Build－Transfer的英文缩写，意思是“建设—移交”，PPP是Public－Private－Partnership的英文缩写，PPP模式包括BOT（Build－Operat－Transfer）等形式。有人认为，PPP是BT的拉长版，如何看待PPP与BT之间的区别？总的来看，它们之间区别主要体现在以下三个方面：

从英文翻译可以看出PPP与BT的区别，PPP侧重政府与市场、社会主体的合作伙伴关系；而BT侧重于市场、社会主体建设，一旦公共服务项目完成建设，市场、社会主体就退出。

从合作期限来看，PPP项目合作期限长，短则合作10年，长则20～30年，甚至更长时间；而BT项目合作期限比较短。

从风险承担来看，PPP侧重政府、市场、社会主体共同承担风险并共治风险；而在BT项目中，市场、社会主体承担项目建设风险，但项目建设完成后，政府承担更多的风险，包括财政风险。尤其是市场、社会主体为追逐短期利益，以牺牲建设质量获取利润时，一旦公共服务设施投入运营出现问题，最终还是由财政兜底。

三、运用政社合作方式提供公共服务的选择

问题10 公共服务是运用政社合作方式提供还是政府主导提供取决于哪些因素？

公共服务是运用PPP方式提供还是政府主导提供，取决于以下几个因素：

一是两种方式的效率、成本、风险比较。运用PPP方式提供公共服务的效率、质量可能比政府提供更高，但也有成本，比如：PPP项目完成准备、识别、采购、执行等阶段所需的时间比较长，交易成本比较高；运用PPP方式将会重新分配风险，这种方式虽然降低了一些风险，

比如降低政府当前的财政风险与压力，但如果操作不当的话，也可能会给未来带来一些财政风险，将当期的财政风险、压力往后转移。因此，运用 PPP 方式提供公共服务还是政府主导提供公共服务，应综合比较两种方式的效率、成本和风险。

二是地方政府是否有运用 PPP 方式提供公共服务的动力。有些公共服务运用 PPP 方式提供的效率比较高、成本较低、风险也不高，但个别地方政府相关部门运用 PPP 方式提供公共服务的积极性不高，主要表现为“三怕”：(1）怕麻烦。长期以来，部分公共服务项目依靠地方融资平台融资，这种形式比较简单，决策比较快、推进效率比较高。而推进 PPP 的过程中手续比较多，程序比较复杂，谈判多，周期长。地方政府相关部门主观上有不想干的心理，怕麻烦。(2）怕失权。有些政府主管部门怕引进了 PPP 之后，社会资本控股，丧失了管理的控制权。(3）怕担责。PPP 项目涉及多个领域，专业性很强。PPP 项目涉及的土地、税收、财政支持等方面的政策尚未明确，地方政府相关部门对此把握不准，害怕承担相关的责任。

问题 11　哪些公共服务适合采用政社合作方式提供?

适合运用政府和社会资本合作方式提供的，一般都是公共服务而非商业性项目。对于社会资本角度而言，PPP 项目应具有盈利能力，未来的现金流明确，投资回报长期稳定，满足其盈利要求。这些构成了适合采用 PPP 方式项目的基本特征。国务院《关于加强地方政府性债务管理的意见》(国发〔2014〕43 号）规定，“鼓励社会资本通过特许经营等方式，参与城市基础设施等有一定收益的公益性事业投资和运营”。财政部《关于推广运用政府和社会资本合作模式有关问题的通知》(财金〔2014〕76 号)、财政部关于印发《政府和社会资本合作模式操作指南（试行）的通知》(财金〔2014〕113 号）指出，适宜运用 PPP 的项目，“具有投资规模较大、需求长期稳定、价格调整机制灵活、市场化程度较高”等特点。国家发改委《关于开展政府和社会资本合作的指导意见》（发改投资〔2014〕2724 号）中，“PPP 主要适用于政府负有提供责任又适宜市场化运作的公共服务、基础设施类项目”。

需要指出的是，公共服务是否适合采用 PPP，在很大程度取决于社会资本是否有意愿参与。如果社会资本有积极性参与且主动发起，就可以采用 PPP 方式。因为社会资本在发起 PPP 项目时，会结合自身业务特点，找到投资回报方式，比如：社会资本可能从其他项目中获取回报，补偿社会资本在公共服务项目中的投资。

问题 12　运用政社合作提供公共服务是否会降低公共服务的公益性？

目前，有个别观点认为，运用政府和社会资本合作方式提供公共服务会降低公共服务的公益性，其理由如下：第一，会导致公共服务提供的责任转移。在 PPP 项目中，让使用者付费，可能会使得政府应提供公共服务的部分责任转移。第二，抬高公共服务的价格。社会资本出于营利目的参与公共服务提供，可能会损害公共利益。第三，交易成本高。PPP 项目程序复杂，合同谈判、运营监管等环节的交易成本巨大，可能会造成公共服务价格的不必要抬升，损害公共利益。第四，融资成本高。在 PPP 项目中，社会资本通过金融市场获得的融资成本普遍比政府通过国债方式获得融资的成本高。

事实上，以上观点难以成立，运用政府和社会资本合作方式提供公共服务不仅不会对公共利益造成损失，反而会增进公共利益，理由是：第一，增加公共服务供给。鼓励社会资本提供更多的公共服务本身就是在增加公共利益。第二，政府对向使用者付费的 PPP 项目进行价格管理、对难以向使用者收费的 PPP 项目实施财政补助，满足社会资本参与 PPP 项目的激励相容条件，使得社会资本参与 PPP 项目能盈利但不能获得暴利。

当然，要注意防范实施 PPP 项目可能会对公共利益带来的不利影响，尤其是防范社会资本在 PPP 项目执行时影响公共利益。因此，在推广运用政府和社会资本合作时需要设计好相关政策制度。比如：国家发展和改革委员会、财政部、住房和城乡建设部、交通运输部、水利部、中国人民银行出台的《基础设施和公用事业特许经营管理办法》（2015 年第 25 号令）中第四条规定，“要兼顾经营性和公益性平衡，维护公共利益”。

问题 13 运用政社合作方式提供跨行政区域的公共服务具有哪些优势？

有些公共服务跨行政区域，比如：跨区域的大江大河的治理，跨区域的环境治理，等等，这些公共服务不是全国性而是区域性的，需要跨行政区域合作提供。但在现实中，跨行政区域的公共服务提供可能会面临推进区域合作的成本高等难题。解决此类相关难题，既可以成立专门机构进行治理，比如大江大河治理可以成立专门的水利委员会，也可以运用政府和社会资本合作方式提供跨区域的公共服务。运用政府和社会资本合作方式提供跨区域的公共服务具有以下优势：

一是能突破机构设置障碍。如果所有跨区域公共服务提供都要成立相关专业的政府机构，专门负责提供跨区域的公共服务，不符合我国精简机构的改革方向。运用政府和社会资本合作方式提供跨区域的公共服务，由相关行政区域的政府出资和社会资本组成项目公司，负责规划设计、建设、运营跨区域的公共服务，不需要设立相关政府机构。

二是灵活提供公共服务。运用政府和社会资本合作方式提供跨区域的公共服务，可以根据实际需要灵活调整提供方式。比如：在具体出资上，可以按照区域受益大小出资合作提供。

四、政社合作涉及的主题

问题14 政社合作主要涉及哪些主题?

政府和社会资本合作提供公共服务涉及的主题主要分为以下两个层次:

一是宏观层次的主题，主要包括政府和社会资本合作治理、产权、融资、法律、税收、评估、监督等相关内容。

二是微观层次的主题，主要侧重政府和社会资本合作项目层面的相关内容，包括项目的规划、识别、准备、采购、执行、定价与付费方式、公司治理、合同签订与执行等相关内容。

问题15 政社合作主要有哪些运作方式?

根据财政部财金〔2014〕113号文件要求，PPP项目的主要合作方式包括委托运营（O&M）、管理合同（MC）、建设—运营—移交（BOT）、建设—拥有—运营（BOO）、转让—运营—移交（TOT）以及改建—运营—移交（ROT）等六种方式。

1. 委托运营（Operations & Maintenance，O&M），是指政府将存量公共资产的运营维护职责委托给社会资本或项目公司，社会资本或项目公司不负责用户服务的PPP项目运作方式。政府保留资产所有权，只向社会资本或项目公司支付委托运营费。

2. 管理合同（Management Contract，MC），是指政府将存量公共资产的运营、维护及用户服务职责授权给社会资本或项目公司的项目运作方式。政府保留资产所有权，只向社会资本或项目公司支付管理费。管理合同通常作为转让—运营—移交的过渡方式。

3. 建设—运营—移交（Build - Operate - Transfer，BOT），是指由社会资本或项目公司承担新建项目设计、融资、建造、运营、维护和用户服务职责，合同期满后项目资产及相关权利等移交给政府的项目运作方式。

4. 建设—拥有—运营（Build – Own – Operate，BOO），由 BOT 方式演变而来，二者区别主要是 BOO 方式下社会资本或项目公司拥有项目所有权，但必须在合同中注明保证公益性的约束条款，一般不涉及项目期满移交。

5. 转让—运营—移交（Transfer – Operate – Transfer，TOT），是指政府将存量资产所有权有偿转让给社会资本或项目公司，并由其负责运营、维护和用户服务，合同期满后资产及其所有权等移交给政府的项目运作方式。

6. 改建—运营—移交（Rehabilitate – Operate – Transfer，ROT），是指政府在 TOT 模式的基础上，增加改扩建内容的项目运作方式。

除了以上六种方式之外，实践的形式多种多样。比如：

EPC + BOT（Engineering – Procurement – Construction + Build – Operate – Transfer）也是比较流行的方式。社会资本作为总承包方，不仅是项目的投资方，还承担公共服务的设计、采购、建设、运营等环节。

问题 16　政社合作项目主要有哪些分类？

我们对 PPP 项目进行以下分类：

一是存量 PPP 项目与增量 PPP 项目。存量 PPP 项目是指对现有的基础设施和公共服务项目转化为运用 PPP 模式提供；增量 PPP 项目是指对新建、扩建的基础设施和公共服务项目运用 PPP 模式提供。运用委托运营（O&M）、管理合同（MC）、转让—运营—移交（TOT）等运作方式的 PPP 项目，主要是针对存量的 PPP 项目。而运用建设—运营—移交（BOT）运作方式的 PPP 项目，主要是针对新建的 PPP 项目。

二是单一 PPP 项目与综合 PPP 项目。单一 PPP 项目是指对某一项基础设施和公共服务运用 PPP 模式提供；综合 PPP 项目是指对多项基础设施和公共服务运用 PPP 模式提供，比如：河北固安模式对园区开发建设，就是综合 PPP 项目。

三是部分环节参与的 PPP 项目与全过程参与的 PPP 项目。PPP 项目包括规划、设计、融资、建设、运营、维护、移交等环节。部分环节参与的 PPP 项目是指，社会资本只参与 PPP 项目的规划、设计、融资、建设、运营、维护等部分环节；全过程参与的 PPP 项目是指，社会资本参与 PPP 项目的规划、设计、融资、建设、运营、维护、移交等全生命周期的所有环节。这里特别提出“规划 PPP”概念。规划 PPP，是社会资本全过程参与的 PPP 项目，注重在 PPP 项目规划设计阶段充分发挥作用。当然，规划 PPP 还具有区域概念，在一个区域范围内规划 PPP 区域经济布局及公共服务提供。

第二章
政府和社会资本合作发展

认识我国政府和社会资本合作发展状况，需要从全球视角加以把握。政府和社会资本合作在全球范围内兴起，目前各国政府和社会资本合作的发展已经逐渐走向成熟，且正在不断优化和完善。我国改革开放以来一直有政府和社会资本合作实践，但近年才全面推进，必然会存在需要完善之处。

一、世界范围内的政社合作的起源与发展

问题1　政社合作为什么会在全球兴起？①

PPP在全球蓬勃兴起。20世纪90年代以来，越来越多的欧洲国家发现，基于伙伴关系的PPP比政府特许经营适用性更广，更能调动私营部门的积极性和主动性并提高公共服务的效率。PPP开始代替政府特许经营成为发达国家公共部门和私营部门在公共事业领域的重要合作模式。PPP也是世界银行、国际货币基金组织、欧洲复兴开发银行、亚洲开发银行、经济合作组织等国际机构积极倡导的、促进经济发展的重要

① 本部分内容根据《中国PPP理论与实践》（赵福军、汪海，中国财政经济出版社，2015年11月）一书整理而成。

模式和工具。尤其是在 2000 年由联合国 193 个成员国及至少 23 个国际机构通过的“千年发展目标”框架中，PPP 被认为是确保经济社会实现公平发展的最佳模式。近年来，发展中国家纷纷效仿发达国家的 PPP 模式，PPP 开始在全球推广。据 OECD 统计，2009 年全球共有 131 个国家推广 PPP 模式。

为什么 PPP 模式会在全球蓬勃兴起呢？其背后有着广泛的政治、经济、社会等原因，具体包括以下原因：

一是经济发展提升了公共服务需求层次，单靠政府难以满足。20 世纪 70、80 年代，随着各国经济快速发展，人们生活日益富裕，对教育、养老、休闲、住房等领域公共服务的期望和需求都在不断提升，希望能获得更多的公共服务和更高质量的公共服务，而单靠政府难以满足。

二是公民社会的兴起、平民主义的催化推动 PPP 模式发展。20 世纪 90 年代以来，西方公民社会理论越来越倾向于把公民社会看作是私人自治组织的联合体或是由这一联合体所进行的社会运动。随着市民生活条件整体变好并努力追求更好社会的目标，公民拥有更多的公共服务选择权也被提上日程。同时，希望被赋予满足共同需要的权力的期望，减少了对官僚机构的依赖，转而更多依靠家庭、邻里、教会、种族和自愿团体。这种平民主义的趋向，使得市民们要求政府少干预社会，但同时又要求政府提供高效和廉价的公共品和服务，这一方面迫使政府自身提高服务质量和水平，另一方面又导致政府被迫把提供公共品和服务的权利交给私人合作伙伴。

三是缓解财政压力。第二次世界大战后，为了满足公民诉求，福利国家成了西方国家追求的目标。福利制度的实施带来了政府职能的扩张，并导致财政支出扩大，增加了财政压力甚至引发财政危机。通过引入 PPP 模式，拓展政府融资渠道，缓解财政压力。

四是需要提高政府提供公共服务的效率。自 20 世纪 30 年代开始，西方国家受经济大萧条的影响，推行凯恩斯主义，实施政府干预，大部分西方国家开始实施经济干预，许多公共服务供给由政府或者国有企业完成。然而到20世纪70年代后，西方国家国有化的弊端不断显现，公共服务由政府或国有企业供给模式面临严重亏损，财政补助不断增多，公共服务的供给效率并不高，政府部门寻租活动导致非生产性浪费。政府或者国有企业提供公共服务很难满足公民的需求，亟须寻求一种新的公共服务模式。

五是新公共管理引入市场化机制。现代意义上的PPP形成和发展，在一定程度上与新公共管理运动中以引入企业积极参与为核心内容的公共服务供给市场化改革有关。自20世纪70年代末80年代初开始，西方各国掀起了一场声势浩大且旷日持久的新公共管理运动，该运动主张通过采用企业的管理方法，加强竞争市场导向来改善政府效率。新公共管理为PPP的出现奠定了基础：一方面，新公共管理打破了公共服务的政府垄断供给，为私营部门参与公共项目开放了渠道。另一方面，新公共管理为PPP创新了一批实践模式，比如：合同外包、付费购买制度、凭单（服务券）制度等，这些模式是PPP的早期形式。PPP在新公共管理的沃土上诞生，并获得快速发展。

问题2　政社合作发展包括哪几个阶段？

总的来看，政府和社会资本合作的发展历程可划分为自发实践、民营浪潮和现代化三个阶段。

一是自发实践阶段。政府和社会资本合作始于道路、灯塔等公共服务的私人提供。早在罗马帝国时期，罗马大帝授予Salassi部落征收通行费的特许权，以回报其养护道路、道路和跨山脉搬运，这大概算得上是PPP模式最原始的雏形。17世纪初的英国，灯塔服务是由政府特许授权私人提供服务的。17世纪60年代，英国第一条收费公路得以建成，而这种收费公路是现代BOT模式的前身。而在美国，直到独立战争之后收费公路才被引入，其第一条收费公路实际上就是一家依据1785年《弗吉尼亚法案》组建的州属企业。法国的公共品私人提供与其他国家略为不同，它当时的形式是“社会经济混合体”和“特许经营”，在17世纪，该国大部分铁路网络、供水设施和街道照明都是公私合作发展起来的。在这一阶段，PPP的方式较为单一。在合作方式方面，特许经营制度是较为广泛采用的方式，而BOT等合作模式也初具雏形。总的来看，这一阶段的PPP的领域基本上也仅限于交通行业和供水系统，随着时间向前推进，在该领域合作深度不断拓展，在煤气、街灯照明、电力供应、电话电报领域也有所涉及。

二是民营化浪潮阶段。20世纪30年代西方国家经济危机出现，在凯恩斯主义的影响下以及社会主义阵营国家政府主导战后大规模经济建设的示范作用，使得包括公用事业在内的一些重要行业实行了不同程度的国有化。其中，英国在1945年至1951年、1974年至1979年之间经历了两次国有化浪潮；法国自20世纪30年代中期至80年代初，先后经历了三次国有化运动。由于公用事业国有化给公共财政带来了巨大压力，产生了缺乏竞争、效率低下、成本较高而服务质量较低等弊病。与此同时，受公共选择理论、新自由主义思潮和新公共管理思想的影响，英美等主要发达国家在20世纪70、80年代，率先掀起了国有企业改革和民营化浪潮，并通过立法强制要求地方政府把许多公共服务通过竞争性招标的形式交由私营部门提供，拉美、中欧、东欧、非洲和亚太地区的许多发展中国家出现民营化。民营化浪潮所涉及的公私合作方式较为多样，在民营化改革阶段，涉及包括政府出售、合同承包、特许经营、补助和凭单制等诸多民营化合作方式。包括英国、原苏联东欧国家和原民主德国等大多数国家均采用了政府出售的方式。与合作方式越来越多样化一样，民营化领域几乎涉及所有政府垄断部门。

三是PPP现代化阶段。虽然民营化在一定程度上缓解了政府的财政压力，增强了经济发展的效率，优化了市场结构，提高了产品的质量和市场竞争力，但是也损害了社会公平，造成国有资产流失，还形成私人垄断的风险。在这样的背景下，英国再次成为 PPP 的领头羊，在废除严格限制引进私人资本投资公共资产的规定后，于 1992 年首次提出鼓励私人投资行动（Private Finance Initiative，简称 PFI）。继而，在美国、加拿大、法国、德国、澳大利亚、新西兰、日本、荷兰等发达国家得到了广泛的响应。欧盟、联合国、经济合作与发展组织以及世界银行等国际组织也将 PPP 的理念和经验在全球范围内大力推广，包括中国、印度、巴西、墨西哥、保加利亚、希腊、克罗地亚等国家在内的许多发展中国家纷纷开始学习和应用 PPP。在这一阶段，PPP 形式呈现多样、每一领域都有其涉及的足迹。到目前为止，各国 PPP 的发展已经逐渐走向成熟，这种模式不断优化和完善。比如：2011 年英国财政部启动 PFI 的改革，以应对内阁和公众多年对 PFI 的关切和质疑，2012 年 12 月英国财政部正式推出 Private Finance 2（简称 PF2）。2008 年澳大利亚基础设施公司发布了适用于社会基础设施的标准合同范本，2011 年又发布了适用于经济基础设施的标准合同范本。

二、我国政社合作的发展

问题 3　我国为什么要大力推广政社合作方式?

一是财政紧运行成为常态，单靠政府投入难以满足不断增长的公共服务需求。一方面，财政收入增速下降，2014 年降到个位数增长，全国一般财政收入比上年增长 8.6%；2015 年全国一般财政收入比上年增长 8.4%。曾经为我国基础设施建设、公共服务提供重要的财力支持的土地财政模式，随着我国房地产市场逐步回归理性，越来越难以持续。另一方面，随着城镇化快速推进和人口老龄化，教育、医疗、养老、环境等公共服务的需求呈现刚性增长，财政支出增长随之呈现出越来越刚性化的特征。财政紧运行的常态化，仅靠政府投入难以满足不断增长的公共服务需求，需要加快实施 PPP 项目，鼓励社会资本参与提供公共服务。

二是推进国家治理体系和治理能力现代化的需要。党的十八届三中全会提出，全面深化改革的总目标是完善和发展中国特色社会主义制度、推进国家治理体系和治理能力现代化。政府和社会资本合作提供公共服务，是推进国家治理体系和能力现代化的探索。运用政府和社会资本合作方式，不仅能吸引市场、社会力量，参与公共服务的提供，促进政府职能的转变，发挥市场在资源配置中的决定性作用，更重要的是能贯彻公共治理的理念，推动全社会走向共建、共治和共享。另外，政府和社会资本合作要求政府、市场、社会主体平等参与、公开透明，按照合同办事，体现契约精神，符合治理能力现代化发展方向。

三是提高公共服务供给效率、推动公共服务体制机制改革的需要。运用政府和社会资本合作方式提供公共服务，竞争性引入社会资本参与公共服务提供，不仅可以提高公共服务的时间效率，还可以提供更多的、更高质量的公共服务。运用政府和社会资本合作方式提供公共服务，应重新认识政府与市场关系，改变“政府主导公共服务提供”的思维，积极创造条件引入市场、社会主体参与公共服务提供，推动公共服务体制机制改革。

问题 4　我国政社合作实践发展可分为哪几个阶段?

根据社会资本进入的背景、社会资本的性质、开放领域、经营模式以及国家的政策措施等标准，将我国政府和社会资本合作发展历程划分为地方政府实践、试点推广、大力推广、缓慢发展阶段和全面推进五个阶段。

一是地方政府实践阶段（1980 年 ~ 1993 年）。党的十一届三中全会作出了改革开放的重大战略决策，积极利用外资，弥补改革开放之初的资金短缺。其中，有部分社会资本就尝试性地进入了曾经属于政府主导的基础设施领域。此阶段最具代表性的 PPP 项目是 1984 年深圳沙角 B 电厂项目。在这一阶段，政府并没有明确推进公共基础设施建设的改革，而是由于外资在参与其他行业的过程中，主动尝试进入公共建设领域。而且，从社会资本进入的数量到进入的行业，都非常有限，社会资本仅限于外资，国内社会资本没有被过多地引入进来，政府也没有制定相应的鼓励和规范措施。因此，将这一阶段称为自发实践阶段。

二是试点推广阶段（1994 年 ~ 2002 年）。在这一阶段，社会资本进入公共基础设施领域已经由自发实践阶段的推进，转变为由政府有计划、有组织地推动。在这个过程中，政府通过选择试点项目、制定相关法规和支持性政策，增加社会资本进入公共基础设施建设的项目和领域，政府与市场、社会合作方式也在这个过程中不断丰富。在这一阶段中，各个地方推行的 BOT 试点项目主要涉及电力、自来水、污水、燃气、大桥、区域开发等等行业，为以后 PPP 项目运作积累了重要的经验。广西来宾 B 电厂项目是此阶段最有典型性的成功案例。

三是大力推广阶段（2003 年 ~ 2008 年）。随着城镇化进程的加快，基础设施建设需要大量资金，同时，社会资本的发展为 PPP 模式打下了坚实的基础。尤为重要的是，党的十六届三中全会提出“允许非公有资本进入法律法规未禁入的基础设施、公用事业及其他行业和领域”，为我国开展广泛的 PPP 模式提供了政策层面上的保障。典型代表项目有北京地铁 4 号线、城市水务。深圳、厦门、兰州、海口等城市的城市水务均通过产权主体多元化改革，建立了特许经营制度。

四是缓慢发展阶段（2009 年 ~ 2013 年）。在这期间，我国城镇化快速推进，增加了对基础设施的需求。但是地方政府融资平台能为基础设施建设融资，因而 PPP 项目缓慢发展。代表性项目为 2012 年 3 月启动的北京地铁 14 号线。

五是全面推进阶段（2013 年至今）。近年我国经济增速回落，经济发展进入新常态，财政收入中低速增长成为常态，而我国财政支出具有刚性，加大了财政收支压力，迫切需要深化财税领域改革，其中包括要加快推进 PPP 项目。国务院以及国家相关部门积极推进政府和社会资本合作，由此将我国政府和社会资本合作推向全新的发展阶段，即全面推进阶段。

问题 5 我国为推动政社合作发展在国家层面采取了哪些政策措施？

我国为推进政府和社会资本合作，国务院及其职能部门主要出台了以下相关政策措施：

一是强化政策、制度保障。国务院、国家相关政府部门都积极出台政策推进 PPP 实践。比如：《国务院办公厅转发财政部、发展改革委、人民银行关于在公共服务领域推广政府和社会资本合作模式指导意见的通知》（国办发〔2015〕42 号）；国家发展和改革委员会出台《国家发展改革委关于开展政府和社会资本合作的指导意见》（发改投资〔2014〕2724 号），财政部出台《关于推广运用政府和社会资本合作模式有关问题的通知》（财金〔2014〕76 号），等等。

二是健全 PPP 工作机制。总的来看，我国建立了 PPP 工作机制，且工作机制已日趋完善。首先，政府相关部门积极推动 PPP。财政部、国家发改委等相关部门根据各自的职能，推进 PPP 项目实施。其次，建立 PPP 工作领导小组。为推动 PPP 发展，2014 年财政部成立了政府与社会资本合作工作领导小组及领导小组办公室。

三是为 PPP 项目的发展提供资金支持。国务院办公厅正式转发财政部 发展改革委 人民银行《关于在公共服务领域推广政府和社会资本合作模式的指导意见》（国办发〔2015〕42 号）提出，引导设立中国 PPP 融资支持基金。研究出台“以奖代补”措施，引导和鼓励地方融资平台存量项目转型为 PPP 项目。财政部已联合中国建设银行股份有限公司、中国邮政储蓄银行股份有限公司、中国农业银行股份有限公司、中国银行股份有限公司、中国光大集团股份公司、交通银行股份有限公司、中国工商银行股份有限公司、中国中信集团有限公司、全国社会保障基金理事会、中国人寿保险（集团）公司等10家机构，共同发起设立总规模为1800亿元的中国政府和社会资本合作（PPP）融资支持基金，作为社会资本方重点支持公共服务领域PPP项目发展，提高项目融资的可获得性。与此同时，整合财政资金，对运用PPP项目予以财政支持。比如：《城市管网专项资金管理暂行办法》（财建〔2015〕201号）提出，对按规定采用政府和社会资本合作模式的项目予以倾斜支持。

四是积极推进示范项目。至今为止，财政部已推出三批政府和社会资本合作示范项目。2014年11月财政部公布了首批30个政府和社会资本合作示范项目，涉及供水、垃圾处理、交通等多个领域。2015年9月财政部推出第二批政府和社会资本合作示范项目。2016年10月财政部联合教育部、科技部等19部委推出第三批政府和社会资本合作示范项目。国家发展改革委也选取部分推广效果显著的省区市和重点项目，总结典型案例，建立案例库，组织交流推广。

问题6　我国地方政府为推动政社合作发展采取了哪些措施？

我国在推进政府和社会资本合作过程中，地方政府积极响应，制订政府法规及部门规章、设置组织机构、落实国家层面的政策和制定考核激励措施等，并因地制宜，出台了一系列相关政策。一是加大力度简政放权，不断营造良好的政务环境。为落实中央政府简政放权、审批制度改革政策，各地纷纷出台了《政府核准的投资项目目录》，简化并下放行政审批事项和权力，几乎各地都对简化PPP项目审批程序有相关规定。各地根据实际情况，出台差异化的优化审批程序，为PPP项目的发展提供了良好的政务环境。二是出台财税支持政策。总的来说，为鼓励社会资本参与提供公共服务，全国多数地方政府制定了相应的财税支持政策。比如：在财政政策支持方面，一些地方规定了社会资本平等获得财政支持的权利，给社会资本创造与其他资本主体公平的竞争环境；有些地方还规定了相关 PPP 项目奖励条款等。三是出台融资、土地等配套支持政策。许多地方通过设立财政专项资金实现对本区域内 PPP 项目的融资支持，有些地方设立了 PPP 发展基金。在落实、响应国务院相关政策文件的基础上，很多地方都制定了相关土地配套支持条款，鼓励和支持社会资本参与到具有公益性、公用性的项目建设中来。有些地方政府给出了“优先安排基础设施建设用地”的条款，某些地方政府还根据《全国工业用地出让最低价标准》规定更为详细的土地优惠政策。或许各地政府支持 PPP 模式发展的优惠政策还远不止这些方面，但毋庸置疑的是，各地落实中央政府促进 PPP 项目政策时，均结合本地实际出台相关政策①。

区别于国家机关从规划决策层面推动 PPP 工作，地方政府是 PPP 模式的一线推动者和具体执行者，地方政府推动 PPP 工作更加侧重于管理和执行方面，这就决定了地方政府侧重做好或推动以下各项工作。一是成立专门机构。在国家层面，财政部下设政府与社会资本合作（PPP）中心，且要求各省设立推广 PPP 模式的领导小组。各省（直辖市、自治区）均建立起各种形式的省级 PPP 组织协调机构，如加挂 PPP 牌子或专门成立协调工作组，其中，绝大多数组织机构设立在财政部门下。二是做好项目储备。PPP 项目储备是关系 PPP 发展的基础性工作。为充分发挥项目示范带动作用，自 2014 年起，财政部启动 PPP 示范项目推动工作，地方财政部门会同行业主管部门在能源、交通运输、水利、环境保护、农业、林业、科技、保障性安居工程、医疗、卫生、养老、教育、文化等公共服务领域，筛选征集适宜采用 PPP 模式的项目，加快建立项目库，并在此基础上，精心组织上报全国备选示范项目。三

① 本部分根据“加快完善与 PPP 模式相适应的政策环境”（赵福军，《财政科学》2016 年第 1 期）一文整理而成。

是规范项目实施。在医疗卫生、交通运输、水利、环境保护、保障性安居工程、养老、教育等公共服务领域，鼓励运用 PPP 模式；将融资平台公司存量公共服务项目转型为 PPP 项目，化解地方政府债务风险；科学评估决策项目，选择适当的运作方式；依照有关法律法规规定择优选择项目合作伙伴，保证采购公平、公开、公正；加强项目合同管理；增强社会资本的责任意识和履约能力，要求中介机构提供质优价廉的服务；对项目验收、争议解决、资产移交等环节进行规范，保障公共服务持续有效。四是加强考核激励。财政部《关于推广运用政府和社会资本合作模式有关问题的通知》（财金〔2014〕76 号）规定，省级财政部门要督促行业主管部门，加强对项目公共产品或服务质量和价格的监管，建立政府、服务使用者共同参与的综合性评价体系，对项目的绩效目标实现程度、运营管理、资金使用、公共服务质量、公众满意度等进行绩效评价。绩效评价结果应依法对外公开，接受社会监督。同时，要根据评价结果，依据合同约定对价格或补贴等进行调整，激励社会资本通过管理创新、技术创新提高公共服务质量。五是优选咨询机构。PPP 是一项专业性很强的工作，涉及多个领域，在项目选择合作方之前，需要聘请专业咨询机构、法律顾问等，为项目评估、方案设计、公开招标、合同制定与谈判等方面提供服务。六是开展宣传培训。目前，部分政府部门对 PPP 并不是非常熟悉，要充分发挥 PPP 模式的作用，就要求相关机构和人员对其进行深入学习和研究。要大力培养专业人才，加快形成政府部门、高校、企业、专业咨询机构联合培养人才的机制；鼓励各类市场主体加大人才培训力度，开展业务人员培训，建设一支高素质的专业人才队伍。

问题 7　我国推进政社合作发展的政策和制度环境需要进一步完善之处主要体现在哪些方面？

由于运用政府和社会资本合作提供公共服务是资源配置和国家治理

的新模式，政府主导公共服务提供的模式相关的政策、体制机制必然难以适应这种新模式。我国政府为推进 PPP 实践，做出了大量努力，出台了相关政策措施，并加快相关的体制机制改革，取得了较大的成绩，但相关政策仍不完善、体制机制仍存在进一步完善空间，主要表现在以下几个方面：

一是需要进一步加强政府的合作意识与契约精神。PPP 是政府与社会资本双方平等参与、风险共担、收益共享、合作共赢的新模式，区别于传统的公共服务提供模式。这种模式要求参与者秉持合作意识、平等参与、服务意识、契约精神、效率意识等新观念。然而，部分地方政府目前还存在着观念转变困难、不愿合作、缺乏契约精神的问题。很多 PPP 项目的技术、合同复杂，涉及部门众多，要求各个部门加强沟通、协同配合。但在实践中，政府相关部门就推进 PPP 项目的实施，仍需要进一步加强。不同地方之间合作程度需要进一步提升，PPP 项目存在行政分割迹象，大型综合跨区界项目较少。另外，地方政府行政换届影响社会资本预期。

二是需要进一步提升政府在 PPP 领域相关的专业化管理和服务能力。PPP 项目涉及复杂的专业技术，要求政府具有相应的专业化管理和服务能力。很多地方政府针对 PPP 相关知识与能力，通过聘请专家讲座、学习考察等方式，积极提升 PPP 相关能力，但与 PPP 实践发展要求相比，相关专业管理与服务能力仍面临不足，比如：对 PPP 项目的管理能力不足，对 PPP 项目相关专业技术能力欠缺；很多 PPP 项目涉及工程技术、金融财务、合约管理、法律、法规制度等众多领域，并且技术复杂、形式灵活多样，因而对政府工作人员也提出了更高的知识和能力的要求。很多地方政府还非常缺乏既懂政策又会实务的人员，PPP 项目的运行经验也不多，操作能力不强。

三是需要进一步规范 PPP 项目运作。PPP 项目有其独特性，对项目的识别、论证、模式选取、团队组织、开发建设和运行验收，再到项目的外部性问题都应该认真地分析，以确保项目的顺利实施，但是PPP项目运作仍存在进一步规范的空间。（1）我国PPP项目在识别和选择上缺乏精细的论证。PPP项目运行周期长、合同复杂，要求认真评估项目运营的可行性，并根据地方财政目前和可预期将来的营运情况来做综合考虑。目前，国内的部分地方对PPP项目缺乏充分的论证，在项目识别、论证和测算等方面还比较粗糙。地方政府过度关注PPP的融资功能和稳增长效果，在筛选和发起项目时未综合评估项目建设的必要性及合理性、PPP模式的适用性、财政承受能力等因素，无论项目是否合适，都一律将其包装成PPP项目，有些物有所值评估也存在“走过场”问题。（2）我国PPP项目的融资方式和项目实施方式较为单一，实施PPP的应用领域较为狭窄，“贷款”是当前PPP融资的主要形式，PPP项目组织模式比较单一，大部分以BOT为主。

四是需要进一步完善PPP相关法律法规与体制机制。我国在推进PPP过程中，注重健全PPP工作机制、强化政策制度保障，但是，仍存在不完善之处。（1）缺乏有效的协调机制。PPP项目涉及财政、发改等相关政府部门，需要各个部门之间加强沟通、协同配合，形成合力。目前，政府相关部门就推进PPP项目之间还需进一步协调和理顺。（2）PPP法律法规不健全的问题。目前，我国涉及PPP的相关法律法规主要分散在相关法律之中和一些部门规章，且在法律衔接与配套等方面需要加强。另外，PPP发展所需要的相关法律制度需要明确，为社会资本参与PPP项目提供稳定的预期。（3）需要加快完善与PPP相关的体制机制。以PPP方式推动教育、医疗卫生等公共服务领域改革，需要加快相关领域改革步伐。

第二篇　宏观篇

宏观篇主要侧重于论述政府和社会资本合作的主体、治理、产权安排、融资、法律、税收、评估和监管等内容。

第三章
政府和社会资本合作的主体

政府和社会资本合作涉及主体较多，既包括政府、社会资本、居民等直接主体，又包括金融主体、咨询机构、律师事务所、原材料供应方等间接主体。本章主要分析 PPP 涉及的主要参与主体——政府和社会资本。

一、政社合作涉及主体之一：政府

问题 1　政社合作中的政府包括哪些主体？

PPP 模式中的“政府”是指各省、自治区、直辖市人民政府，国务院各部委、各直属机构、地方各级人民政府和行业主管部门等，或其授权的实施机构。通常来说，政府方是指签署 PPP 项目合同的政府一方签约主体（即合同当事人）。在我国，PPP 项目合同通常根据政府职权分工，由项目所在相应级别的政府或政府授权机构以该级政府或该授权机构自己的名义签署。

问题 2　政社合作主要涉及哪些政府部门？

推进 PPP 工作主要包括牵头部门与参与部门。

主要牵头部门。财政部门作为 PPP 工作的主管部门，负责推进、协调工作。在 PPP 项目中，政府的股权投入、财政补贴、政府承诺、配套投入等，必须纳入财政规划和预算管理，保障资金来源。此外，无论是政府对 PPP 项目前期投入所形成的资产，还是最终形成的资产均应按照国有资产进行严格管理，防止国有资产流失。另外，国家发改委也是 PPP 模式推进的重要部门，出台了促进政府和社会合作相关政策文件，发布了 PPP 推介项目。

其他参与部门。国务院办公厅转发《财政部 发展改革委 人民银行关于在公共服务领域推广政府和社会资本合作模式指导意见的通知》（国办发〔2015〕42 号）明确，国务院各有关部门要按照职能分工，负责相关领域具体工作，加强对地方推广政府和社会资本合作模式的指导和监督。

从中央层面看，财政部会同有关部门，加强政策沟通协调和信息交流，完善体制机制。教育、科技、民政、环境保护、住房城乡建设、交通运输、水利、农业、卫生计生等行业主管部门，结合本行业特点，积极运用政府和社会资本合作模式提供公共服务，探索完善相关制度体系。从地方层面看，地方各级人民政府结合已有规划和本地实际，出台具体政策措施并抓好落实；并根据本地区实际情况，建立工作协调机制，加快推动 PPP 项目落地。

总的来看，推进 PPP 发展是一项系统工程，需要财政、发改和行业主管部门一起努力，加强协调配合，形成政策合力，充分发挥各自作用。比如：财政部、环保部联合印发了《关于推进水污染防治领域政府和社会资本合作的实施意见》（财建〔2015〕90 号），对水污染防治领域 PPP 项目操作流程作出明确规范。

问题 3　政府在政社合作中充当什么样的角色？

一是当好“顶层设计者”、“规则者”。由于政府和社会资本合作是资源配置、国家治理的新模式，政府主导公共服务提供的模式难以适应，需要建立与之相适应的制度、政策体系，规范 PPP 项目规划和设计，为运用 PPP 模式提供政策和专业技术指导。加快建立和完善 PPP 管理和协调机制体制，统筹协调好各职能部门做好 PPP 各环节的工作，形成合力，有序推进。

二是当好“组织者”、“实施者”。财政部《关于印发政府和社会资本合作模式操作指南（试行）的通知》（财金〔2014〕113 号）规定，由政府或其指定的有关职能部门或事业单位可作为项目实施机构，负责做好项目准备、采购、监管和移交等工作。组织开展物有所值评价和财政承受能力评估测算工作。（1）综合考虑经济新常态的中、长、短期影响以及形势变化，做好中长期财政收入测算，确保有预期财力保障的前提下开展合作。（2）统筹兼顾各方面的需求以及政府对 PPP 项目的可承受能力，做好中长期支出测算，确保支出水平与收入水平的基本匹配。（3）本着“花钱值得”的原则，对“股权投资、运营补贴、承担风险、配套投入”等财政资金效益进行评估与测算，确保少花钱、多办事、办好事。

三是当好“管理者”、“监管者”。对 PPP 项目设计、规划、建设、运营、移交等全过程进行管理、监管。对项目公司的投资建设实施监管，包括项目融资及资金到位和使用情况、项目建设进度、工程质量、安全防范措施等。在项目的实施阶段，通过履约管理、行政监管、公众监督等方式对项目进行监管。建立事前设定绩效目标、事中进行绩效跟踪、事后进行效益评价的全生命绩效管理机制。对 PPP 项目的公共服务质量与价格调整等进行管理、监督。

四是当好“合作者”。发挥充当与社会资本合作提供公共服务中的合作主体作用。作为市场主体，政府既可以向社会资本购买公共服务，又可以与社会资本合作提供公共服务。政府以出资人角色与社会资本合作提供公共服务，政府可以以货币资本、资产及土地等入股。需要指出的是，政府和社会资本合作提供公共服务，以平等身份参与合作。

问题4　政府在推进政社合作中应重点做好哪些工作?

为有效推广政府和社会资本合作，政府应重点做好以下工作：

一是规范PPP项目实施。按照PPP项目识别、准备、采购、执行等流程推进PPP。在PPP项目筛选环节，在政府融资平台存量项目和新建、改建项目中，筛选适宜PPP方式的项目。优先选择定价调价机制透明灵活、市场化程度相对较高、有一定现金流的项目。从存量项目入手，认真甄别融资平台公司存量项目，尽量将符合条件的转化为PPP项目，化解政府债务压力。在PPP项目采购环节，遵照《政府采购法》及其他相关规定，公开、公平、规范地进行PPP项目采购，采取公开招标、竞争性谈判、磋商等采购方式，择优选择运营质量好、综合实力强、诚信可靠的社会资本方。

二是加强PPP项目执行监管。由于政府和社会资本合作是资源配置和国家治理的新模式，政府应加强对PPP项目的监管。政府应对PPP项目实行全生命周期监管。在项目识别阶段，政府主要是做好项目筛选和识别、项目物有所值和财政承受能力评价，提出PPP项目。在项目准备阶段，政府负责对PPP项目的可行性报告和实施方案进行审批。在项目建设阶段，政府的职责是对PPP项目建设进行监管，包括PPP项目建设合同执行情况等等。在项目运营阶段，政府对PPP项目的监管主要集中在公共服务提供的数量、质量、价格以及设施维护等方面。在项目移交阶段，政府重点做好项目移交相关监督工作、对项目移交时项目的整体情况作出评估。要加强对PPP项目的质量和价格进行监管，对PPP项目目标的实现程度、公众满意度等进行评价并将结果依法公开。

三是建立完善的体制机制，形成推进PPP发展的政策合力。目前，财政、发改和教育、科技、民政、环境保护、住房城乡建设、交通运输、水利、农业、卫生计生等行业主管部门是推进PPP发展的相关政府部门，需要进一步理顺这些政府部门在推进PPP发展中体制机制，建立和完善主要牵头部门牵头、各职能部门参与的 PPP 推进领导小组，并与相关部门建立高效、顺畅的协调机制。与此同时，财政部门内部结合职能整合，成立由预算、经建、采购等业务部门参与的 PPP 发展指导委员会，负责 PPP 的日常管理，推动各地依法、规范、高效开展 PPP 工作。

四是做好 PPP 项目的规划与策划。PPP 项目落地情况在一定程度上与其规划、策划紧密相关。为加快 PPP 项目落地，要重点做好 PPP 项目的规划与策划，重点发展综合 PPP 项目。

二、政社合作涉及主体之二：社会资本

问题 5　政社合作中的社会资本包括哪些主体？

根据财政部《政府和社会资本合作模式操作指南（试行）的通知》（财金〔2014〕113 号），社会资本是指“已建立现代企业制度的境内外企业法人，但不包括本级政府所属融资平台公司及其他控股国有企业”。而在国家发改委《政府和社会资本合作项目通用合同指南》中规定，社会资本应是“符合条件的国有企业、民营企业、外商投资企业、混合所有制企业，或其他投资、经营主体”。《国务院办公厅转发财政部发展改革委人民银行关于在公共服务领域推广政府和社会资本合作模式指导意见的通知》（国办发〔2015〕42 号）提出“大力推动融资平台公司与政府脱钩，进行市场化改制，健全完善公司治理结构，对已经建立现代企业制度、实现市场化运营的，在其承担的地方政府债务已纳入政府财政预算、得到妥善处置并明确公告今后不再承担地方政府举债融资职能的前提下，可作为社会资本参与当地政府和社会资本合作项目”。按此文件规定，本级政府融资平台公司可以参与 PPP 项目。

需要说明的是，社会资本的形式，既可以是资金方，比如基金等，又可以是各种联合体，比如资金方与运营商、建筑商组成的联合体，可

以同时具备提供资金、建设等功能。

问题6　政社合作对社会资本的主体资格有什么要求？

社会资本的主体资格的要求主要包括类型要求和资质要求。对社会资本的主体资格进行要求，增强社会资本的履约能力，防止道德风险行为。

1. 社会资本类型要求：由于PPP项目有长达10～30年的运营期、投资额较大，要求社会资本方有过硬的专业资质、技术能力、融资能力、项目策划能力、风险管控能力和较强的运营能力。因此，财政部印发的《政府和社会资本合作模式操作指南（试行）》（财金〔2014〕113号）规定，“本指南所称社会资本是指已建立现代企业制度的境内外企业法人，但不包括本级政府所属融资平台公司及其他控股国有企业”；财政部《关于规范政府和社会资本合作合同管理工作的通知》（财金〔2014〕156号）在附件中的《PPP项目合同指南（试行）》中进一步细化，“社会资本是指依法设立且有效存续的具有法人资格的企业，包括民营企业、国有企业、外国企业和外商投资企业。但本级人民政府下属的政府融资平台公司及其控股的其他国有企业（上市公司除外）不得作为社会资本方参与本级政府辖区内的PPP项目”。2015年5月22日国务院办公厅转发《财政部 发展改革委 人民银行关于在公共服务领域推广政府和社会资本合作模式指导意见的通知》（国办发〔2015〕42号）指出，“对已经建立现代企业制度、实现市场化运营的（融资平台公司），在其承担的地方政府债务已纳入政府财政预算、得到妥善处置并明确公告今后不再承担地方政府举债融资职能的前提下，可作为社会资本参与当地政府和社会资本合作项目，通过与政府签订合同方式，明确责权利关系。严禁融资平台公司通过保底承诺等方式参与政府和社会资本合作项目，进行变相融资。”这表明改造后、符合条件的地方融资平台可以参与PPP项目。

2. 社会资本资质要求：主要包括社会资本的项目业绩、管理经验、专业能力、资本实力、融资实力、信用状况等。在财政部《关于推广运用政府和社会资本合作模式有关问题的通知》（财金〔2014〕76号）中提出，要“综合评估项目合作伙伴的专业资质、技术能力、管理经验和财务实力等因素，择优选择诚实守信、安全可靠的合作伙伴”，在国家发改委《关于开展政府和社会资本合作的指导意见》（发改投资〔2014〕2724号）中提出，要“公平择优选择具有相应管理经验、专业能力、融资实力以及信用状况良好的社会资本作为合作伙伴”。

3. 社会资本的社会责任要求：参与PPP项目的社会资本，应承担社会责任，不仅是为利润。这是体现社会资本的社会属性。

需要指出的是，对社会资本设立一定的资质要求，既要防止对社会资本资质过分苛求而影响招标的竞争性，又要防止对社会资本资质要求过低而导致招投标成本太高。

问题7 本级政府控股的国有企业能否单独参与当地政府的政社合作项目？

2015年5月22日国务院办公厅转发《财政部 发展改革委 人民银行关于在公共服务领域推广政府和社会资本合作模式指导意见的通知》（国办发〔2015〕42号）文件，没有明确“本级政府控股的国有企业”能否作为当地政府的PPP项目社会资本，这就留下了一个争议点。有学者认为，既然转型后的地方融资平台公司可以充当社会资本，那么转型后符合国办发〔2015〕42号条件的国有控股企业也应可以充当社会资本。考虑PPP项目的公共性，这与国有企业承担一定社会责任的角色是相匹配的，只要具备专业能力、财务实力，并能够对地方政府形成制约，国有控股企业作为社会资本方参与PPP并无不可。

我们认为，如果完全只由当地国有企业参与的公共服务项目，不能看成是PPP模式。为什么这样认为？如果完全只由当地国有企业参与合作的公共服务项目，不仅会导致参与该项目的竞争不足，还会容易引发当地国有企业道德风险行为。一旦国有企业经营得不好，出现运营亏损，最终还是由财政兜底。一旦当地国有企业预期到了这样行为，就可能难以真正发挥 PPP 模式作用。

问题 8　非营利组织能否参与政社合作项目？

从理论上说，非营利组织可以参与 PPP 项目。从目前国际上的经验来看，非营利组织参与 PPP 项目已经成为一种趋势。比如，全国低收入者住房联盟（NLIHC）、社区发展公司（CDCs）等，是美国的住房保障体系 PPP 项目的重要的参与方。事实上，亚洲开发银行《公私合作手册》中已经对非营利组织参与 PPP 项目予以明确，提出“PPP 还可引入非政府组织（NGO）和（或）社区组织（CBO），它们可代表直接受项目影响的利益相关方”。

另外，PPP 项目具有公共属性，即便是鼓励社会资本参与公共服务提供，也是允许社会资本只能略有盈利，而不是获得暴利。非营利组织具有非营利性属性，如果愿意参与 PPP 项目，理应可以参与。

问题 9　社会资本在政社合作项目起什么样的角色？

一是当好“规划参与者”。社会资本熟悉市场、清楚商业模式，应在 PPP 项目规划中发挥更多作用，或者向地方政府提出好的 PPP 项目。

二是当好“合作者”。社会资本与政府合作提供公共服务时，应按照 PPP 项目合同约定，履行相关义务，获得相关权益。社会资本的义务主要包括：①按照合作协议的约定组建并注册设立项目公司的义务；②负责项目建设所需部分债务资金的融入的义务；③根据合作协议约定与项目公司签订项目施工总承包合同，承担施工质量等原因造成的维修维护支出的义务；④在组织、指导、监督、协调项目公司的各项经营活动过程中，如出现由于项目公司或社会投资人原因引起项目公司无法履行 PPP 合同规定的权利和义务的情况，社会投资人有义务负责重新调整项目公司，继续履行 PPP 合同约定的权利和义务；⑤法律法规和相关协议文件规定的其他义务。社会资本的权利主要包括：①自由进入、退出 PPP 项目的权利；②收益权，按照合作协议约定，收回投资成本取得投资回报的权利；③经营权，拥有组织、指导、监督、协调项目公司各项经营活动的权利；④决策权，在与政府方协商一致后，有权重新调整项目公司内部董事会和经理层等治理结构；⑤法律法规和相关协议文件规定的其他权利。

三是当好“社会责任践行者”。由于 PPP 项目涉及公共利益，因此，社会资本在 PPP 项目除了获得经济回报之外，应履行好社会责任。

三、政府和社会资本的行为

问题 10 应重点防范地方政府在推进政社合作中的哪些行为？

地方政府的目标决定其行为。地方政府为了提供数量更多、质量更好的公共服务，积极推进政府和社会资本合作。与此同时，地方政府也可能会急于在短期内出成效而出现行为短期化等。总的来看，在推进政府和社会资本合作过程中，要重点防范以下行为：

一是短期行为。我国目前地方政府领导有行政任期，为了在行政任期出政绩，出台一些优惠政策，加快 PPP 项目落地。尤其是希望一些投资规模大的 PPP 项目，拉动地方经济。

二是事前道德风险行为。地方政府为加快 PPP 项目落地，可能会隐藏一些不利于 PPP 项目落地的信息，甚至做出一些难以兑现的承诺。

三是事后违约行为。政府和社会资本签订 PPP 项目合同后，地方政府也可能会违约，比如：地方政府在 PPP 合同中的承诺难以完全兑现；政府对社会资本方的付费可能没有按期履约；地方政府政策变动影响社会资本收益；等等。

四是对 PPP 项目市场实施地方保护主义。对于未来现金流稳定、收益较好的 PPP 项目，部分地方政府倾向于将这样的 PPP 项目交给本地的国有企业。对 PPP 项目市场实施地方保护主义，当地国有企业参与 PPP 项目时，没有经历充分的竞争过程，难以真正实现 PPP 模式应有的作用。

五是个别地方政府推动政府和社会资本合作的积极性不高的行为。个别地方政府推进 PPP 项目“怕麻烦”、“怕失权”、“怕担责”（详见本书第一章问题 10），影响其积极性。

六是地方政府与社会资本、居民的合谋行为。地方政府与社会资本、居民主体可能会发生以下合谋行为：（1）地方政府与社会资本之间合谋行为。一是在 PPP 项目设计、招投标等阶段的合谋行为。在项目设计时，设计固定回报形式，名义上是 PPP 项目，但无 PPP 项目之实，为社会资本短期内回收投资而设计固定回报和回购政策。在招投标前，政府和社会资本一起商量采取哪种采购方式（竞争性谈判还是招投标）可以有助于实现中标目的。社会资本与政府合谋操纵 PPP 项目识别、准备、采购、执行等阶段，实现全链条掌控。二是在 PPP 项目执行阶段的合谋行为。政府变相给社会资本财政支付，以各种理由给财政补贴。虽然合同仍执行，以其他理由给财政补贴。政府与社会资本合谋，修改部分合同条款，损害公共利益。对于使用者付费的 PPP 项目，社会资本以物价上涨为由，和政府合谋提高收费。尽管调价程序非常公正，经过听证会等程序，但左右了参与听证过程（提前打了招呼），调整公共服务价格得以顺利进行，最终是社会资本获得更多收益，但使用者获得的收益只能得到有限的提高。（2）地方政府与居民的合谋行为。地方政府与居民合谋，居民以公共服务质量不高为由，有意挑刺，坑了社会资本，地方政府以居民不满 PPP 项目提供的公共服务质量为由，借机赶走社会资本。

问题 11 应重点防范社会资本在政社合作中的哪些行为？

社会资本在参与 PPP 项目时，为实现投资回报会积极按照 PPP 项目合同履行，提供公共服务。但部分社会资本可能也存在以下需要防范的行为：

一是事前道德风险行为。对于未来收益较好、收益稳定的 PPP 项目，社会资本积极争取。部分社会资本为争取到 PPP 项目，可能以低于正常价格进行竞标，甚至联合其他社会资本进行围标，隐藏其不利于中标的信息，等等。

二是事后违约行为。社会资本在中标 PPP 项目后，在利益目标驱使下可能出现以下事后道德风险行为：（1）尤其是社会资本以低于正常价格竞标的 PPP 项目，经常会在 PPP 项目合同执行阶段要求改变合同条款或重新签订合同。一些与很多居民生活息息相关的公共服务项目，个别社会资本方可能会以社会稳定等要挟地方政府改变合同条款，以实现其利益目标。（2）社会资本延迟履行合同，主要表现为 PPP 项目建设交付延迟履行，建设质量、时间等不符合合同要求，PPP 项目运营质量、方法和方式、时间与地点瑕疵以及其他不符合合同相关规定的行为。需要指出的是，社会资本违约有些是有主观行为因素，有些则是客观因素影响的，比如：地方政府和社会资本在签订 PPP 项目合同时，很难预计未来可能发生的所有情况，使得 PPP 项目合同具有不完全性，这增加了社会资本事后违约的可能性。

问题 12 如何防范地方政府与社会资本、居民的合谋行为？

在政府和社会资本合作提供公共服务过程中，可能会存在地方政府与社会资本进行合谋的行为，比如：虽然地方政府按照合同对社会资本方付费，但地方政府在执行合同支付之外，还变相给社会资本予以财政补贴；对于使用者付费的 PPP 项目，社会资本和政府合谋提供收费价格。尽管提高公共服务的收费程序非常公正，经过听证会等程序，但可能左右了参与听证过程（提前打了招呼）。

地方政府与社会资本合谋，可能会损害公共利益。因此，要防范地方政府与社会资本方的合谋行为。建议在以下若干核心环节，重点防范：

一是在招投标之前，要在全国范围公布项目信息，鼓励全国范围内的社会资本参与招投标，防止竞争不充分。

二是对社会资本设定的招标条件设置不能太过于具体，防止“萝卜招标、采购”。

三是通过招投标等程序签订 PPP 项目的合同，绝不能随意修改合同条款。如对合同条款进行修改，必须经过再招投标，防止招投标形同虚设。

四是对提高使用者付费和政府付费，要在足够大的范围召开听证会，防止操作听证会代表而损害使用者的利益。

为防止地方政府与居民的合谋，应扩大对 PPP 项目的绩效考核范围，让更多的居民参与对 PPP 项目的评价；也可以由委托独立的第三方对 PPP 项目绩效进行评价。

第四章
政府和社会资本合作的治理

形成、维系政府和社会资本合作需要良好的治理。政府和社会资本合作治理，既包括宏观层面的治理，又包括微观层面的治理。宏观层面的治理可以概括为“风险共治、体制机制共建、收益共享”。微观层面的治理则可以概括为“创造满足政府、社会资本参与政府和社会资本合作项目激励相容条件”。

一、政社合作治理的层次

问题 1　政社合作治理主要包括哪些层次？

政府和社会资本合作治理包括宏观和微观两个层面的治理。

宏观层面的治理，主要是指政府、社会资本、居民三大主体共享收益、共担共治风险、共建体制机制。宏观层面的治理侧重于建立 PPP 治理模式及其发展所需要的产权、法律、融资、税收、评估、监管等制度安排。

微观层面的治理，主要是指政府、社会资本两大主体在 PPP 项目中就融资、报酬机制、风险分配、运行机制等内容进行开展治理，侧重于 PPP 项目层面。

问题 2　如何在宏观层面对政府和社会资本合作进行治理？

宏观层面的政府和社会资本合作治理可以概括为“共治、共建、共享”。

一是政府与社会资本、居民宏观层面上的共治。公共服务提供的共同责任决定由政府与社会资本合作提供并共治。PPP 项目涉及政府、市场、社会、居民等多参与主体，且这些主体的目标存在差异性，需要运用制度协调这些主体的行为。共治不仅能避免依靠市场、社会主体自愿达成协议方式提供公共服务中的“集体行动困难”、“囚徒困境”、“公共地悲剧”等出现，还能避免政府主导公共服务提供的效率不高问题；更能促使政府、市场、社会各方互相监督、互相约束，减少政府主导公共服务提供中的委托代理成本与监督成本。

二是政府与社会资本、居民共建机制和能力。政府、社会资本、居民各方根据合作需要，共建 PPP 项目的运行机制及相关制度。由于运用 PPP 方式提供公共服务是资源配置、国家治理的新模式，与政府主导公共服务提供的模式相适应的制度和管理能力难以适应 PPP 发展需要，因此，需要大力建设与 PPP 相适应的制度和能力。对政府而言，需要全方位提高相关能力，包括提升认识和提高制度建设、监管、项目策划能力。对于市场、社会主体而言，需要增强法律、税收、制度等学习和研究能力、创新能力。另外，需要增强政府与市场、社会主体相互适应能力。

三是政府与社会资本、居民共享 PPP 项目收益。推动政府与社会资本形成合作并维持的重要条件就是，要让 PPP 项目参与各方实现收益共享，既要防止只注重市场主体的利益，而忽视公共利益；又要防止只注重公共利益，而忽视市场、社会主体的利益，要统筹平衡政府、社会资本方、公众相关主体的利益。

四是政府与社会资本、居民等主体共治风险。PPP 项目面临多种风险，不仅包括市场、环境等客观风险，还包括来自政府、社会资本、居民等主体行为带来的不确定性与风险，还包括因政策变化对 PPP 项目带来的风险。针对 PPP 项目中的不确定性与风险，单靠政府或社会资本方、居民都难以解决，需要这些主体共治。针对不同类型的风险与不确定性，应采取不同的治理方法。对于客观的不确定性与风险，政府与社会资本方、居民各方应通过制度、合同设计加以化解、防范；对于双边主体的行为风险，政府与社会资本方、居民各方应通过法律制度、合同设计和风险、责任分配制度加以共同化解、防范。

问题 3 如何在微观层面对政府和社会资本合作项目进行治理？

政社合作微观层面的治理主要是指政府和社会资本合作项目治理。具体而言，对政府和社会资本合作项目治理，应创造满足政府和社会资本合作的激励相容条件。

一是合作理性。政府和社会资本合作提供公共服务所产生的绩效（或效果）超过政府或社会资本单独提供公共服务所产生的绩效（或效果）。

二是个体理性。每个参与 PPP 项目的主体都能够从参与 PPP 项目中获得收益，参与 PPP 项目比不参与好。

三是合理的收益、成本与风险分配。政府和社会资本就提供公共服务要形成并维系合作，必须实现合理的收益、成本与风险分配。促使政府与社会资本合作形成、维系的重要条件就是，让合作双方从 PPP 项目中均能获得收益。需要指出的是，政府、社会资本从 PPP 项目中获得收益的形式不一样，政府获得的收益主要表现为提供数量更多、质量更好的公共服务、减少财政支出压力、促进经济稳定与发展等等；而社会资本的收益则主要表现为从 PPP 项目获得经济利益，当然也能获得社会收益。政府主导公共服务提供相关的建设、运营风险由政府一家扛，而政府和社会资本合作提供公共服务相关的风险由政府、社会资本根据收益大小、规避风险成本高低、责任能力等因素分配。

二、政社合作中的风险

问题 4　政社合作项目主要面临哪些风险？

在 PPP 项目所面临的风险可分为四类，即环境风险、合作主体行为风险、项目风险、市场风险。

一是环境风险。环境风险主要是指自然对 PPP 项目带来的不利影响。无论是交通工程、市政工程、流域治理或环境工程类的 PPP 项目，都可能会面临地质、气候、水文等自然风险。

二是主体行为风险。在 PPP 项目中，政府、社会资本的主体风险既包括客观风险，也包括道德风险。比如：政府由于某原因而不愿再继续履行 PPP 项目合同时，出现信用风险；社会资本不按照 PPP 项目合同履行，公共服务提供没有达到合同要求。

三是 PPP 项目风险。主要包括：（1）约定不明导致的项目风险。PPP 合同的项目范围、建设内容、服务标准等个别内容约定不明确可能引起争议风险。（2）建设风险。PPP 项目在工程建设上由于技术条件不成熟、施工操作不规范、设计规划有变更以及建设单位变动等原因而在建设环节出现的风险问题。（3）运营风险。项目运营期间因为项目股东争议、运营经验欠缺、营利预期变化等原因而在项目运营环节出现的风险。（4）移交风险。PPP 项目在移交时因为信息不对称、利益不一致等原因而出现的移交风险问题。

四是市场风险。市场风险包括宏观经济、消费群体偏好等的变化所带来不利的影响。

在以上的四种风险中，主体行为风险是 PPP 项目面临较为重要的风险，也是需要重点防范的风险。

问题5 为什么说不确定性与风险是影响政社合作项目落地或成功的关键因素？①

政府要吸引社会资本参与 PPP 项目，不仅要让社会资本形成合理收益的预期，更为重要的是要降低社会资本参与 PPP 项目中的不确定性与风险。

政府和社会资本合作面临各种各样的不确定性与风险，包括环境、市场、政策等方面的不确定性与风险。不确定性和风险影响对 PPP 项目所产生的收益、成本的预测。社会资本是否参与 PPP 项目，取决于 PPP 项目未来所产生的收益与投资的成本。如果 PPP 项目所产生的收益及投资成本面临较大的不确定性和风险，会直接影响政府和社会资本合作的形成。事中、事后的不确定性与风险可能也会导致 PPP 项目中止。有些 PPP 项目已落地，政府和社会资本合作已经形成，但若发生了 PPP 项目合同中没有预计到的不确定性和风险，或者没有设置相关处置程序，经过协调难以解决的，使得合作参与方的激励相容条件丧失，会导致合作中止。因此，可以说，不确定性与风险是影响政府与市场、社会合作形成、维系的关键因素。

问题6 为什么要政府、社会资本、居民共治政社合作中的风险？

一是 PPP 项目面临的风险会同时影响政府、社会资本、居民，是这些主体共同的风险，需要他们共治。有些风险看似影响社会资本较多，但如果社会资本没办法承受风险，会直接影响到 PPP 项目运营，最终也会影响到政府、居民。因为政府、居民也是公共服务的受益者，因此，对于看似影响社会资本较多的风险也需要政府、社会资本、居民等主体共治。

---

① 本部分内容根据“政府与社会资本合作：公共服务体制机制改革的切入点”（刘尚希、赵福军，《中国经济时报》2016 年 1 月 28 日），一文整理而成。

二是行为风险需要共治。政府和社会资本合作，各方如果仅从各自目标出发而不考虑合作目标，就会导致各参与方为最大化个体利益而产生违约行为和行为风险。比如：社会资本为追求更多的盈利而牺牲公共服务质量。因此，为实现、维系政府和社会资本合作，既要实现各自目标，又要实现合作目标，需要约束双边行为，共治行为风险。

问题7　政社合作项目中的风险分配应遵循什么原则？

根据财政部《政府和社会资本合作模式合同指南（试行）》（财金〔2014〕113号）第十一条规定，按照风险分配优化、风险收益对等和风险可控等原则，综合考虑政府风险管理能力、项目回报机制和市场风险管理能力等要素，在政府和社会资本间合理分配项目风险。

我们认为，PPP项目在综合考虑政府风险管理能力、项目回报机制和市场风险管理能力等要素，要遵循以下风险分配原则：

一是由于PPP风险是政府、社会资本共同的风险，需要各方共治。这就是联合分担风险原则。根据财政部《政府和社会资本合作模式操作指南（试行）》（财金〔2014〕113号）中的第十一条规定，原则上，项目设计、建造、财务和运营维护等商业风险由社会资本承担，法律、政策和最低需求等风险由政府承担，不可抗力等风险由政府和社会资本合理共担。因为社会资本负责项目的建设过程和日常运营环节，在信息、决策等方面都处在有利的位置和拥有更多信息，有责任并且有能力来承担项目的设计、建设、财务和运营等商业风险，因此，项目设计、建造、财务和运营维护等商业风险由社会资本来承担。对于PPP项目双方均不具控制力的风险，分配时应综合考虑风险发生的可能性、防范风险的成本和社会资本承担风险的意愿等，由政府和社会资本共同共担。如果社会资本要求的风险补偿超过了政府承担风险时的成本，则由政府承担。

二是由于政府、社会资本在参与PPP项目的角色、承担相关风险能力不一样，需要采取有效的分配方法，化解和防范风险和不确定性，可遵循以下原则：（1）收益最大者多承担风险，实现承担风险的大小与所获得收益的多少相匹配。（2）规避风险成本最小者分担风险原则。由于政府在化解、防范政治风险、法律变更风险方面比社会资本处于更有利的位置，因此，法律、政策和最低需求等风险由政府承担。（3）最能够承担风险者承担风险。风险由对PPP项目最有控制力或最有能力的一方承担。（4）根据社会资本对风险偏好的类型分配风险，风险偏好者多承担风险。（5）损失最大者规避风险。哪方在PPP项目中可能遭受到的损失最大，规避风险的动力就越大。（6）最有责任能力者承担风险。最能够承担风险者或最有责任能力者指，有实力（资本、资源等）承担风险，且能追溯到责任。如果企业、自然人没有财产，承担责任能力就非常有限，他们可能会只关注收益而不考虑行为后果。因此，应由最有承担责任能力的主体承担风险。

问题8 如何应对政社合作中的风险？

一是通过制度设计以防范主体的行为风险。政府、社会资本的行为风险是需要重点防范的风险，需要强化制度设计，从源头上加以防范。根据社会资本的风险偏好程度（是风险规避者还是风险偏好者、风险中性偏好者）与责任能力，设计分配风险制度。

二是对政府行为加强法律约束，加快推进政府行为法治化。与社会资本相比，政府处于更加有利的地位。因此，加快推进政府行为法治化，对政府行为加以约束。

三是加强对社会资本进行动态监管。为防止社会资本在履行合同中的违约行为出现，政府在PPP项目中的重点工作就是，对社会资本加强监督，及时调整社会资本行为。

四是对PPP项目风险面临的自然客观风险，应进行投保，分散、转移和规避部分风险。由于PPP项目所需投入的资金规模大、且项目生命周期长，在项目建设和运营期间可能会面临诸多难以预料的各类风险，因此项目公司以及项目的承包商、分包商、供应商、运营商等通常会就其可能面临的各类风险向保险公司进行投保，以进一步分散和转移风险，这也是应对风险、损失的一种重要措施。

三、政社合作中的收益

问题 9　政府、社会资本、居民从政社合作项目中能获得哪些收益？

政府积极推进政府和社会资本合作能获得的收益主要包括：一是促进公共服务提供效率的提升。运用政府和社会资本合作方式能提供数量更多、质量更好的公共服务。通过竞争方式选择社会资本方，有助于提高效率。二是为公共服务提供融资，缓解财政压力。无论是运用政府和社会资本合作方式提供存量公共服务项目还是新建公共服务项目，均可以缓解地方财政压力。三是有助于稳增长、调结构和转变政府职能。PPP 项目投资大，能促进当地经济发展，改善公共服务供给结构。运用政府和社会资本合作方式有助于促进政府在公共服务供给领域的职能，从生产、提供公共服务向对公共服务的规划、设计、监管等转变。四是社会收益。运用政府和社会资本合作方式提供公共服务，能充分发挥社会资本的优势，有助于改善生态环境，等等。

社会资本参与 PPP 项目能获得的收益主要包括：一是获得长期的、稳定的投资回报。PPP 项目的合作期限长，社会资本的报酬率虽然不高，但长期相对稳定。这是社会资本参与 PPP 项目的重要目标。二是获得投资机会。鼓励社会资本参与投资基础设施和公共服务领域，企业通过参与 PPP 项目可以获得在基础设施和公共服务领域的投资机会。另外，社会资本参与 PPP 项目，也能提升企业的社会形象、显示实力，可能有助于获得其他的投资机会。三是拓宽业务领域。由于 PPP 项目涉及的领域多，包括施工、建设和运营、金融等，社会资本参与 PPP

项目可以拓宽社会资本的业务领域。四是展示履行社会责任形象。PPP项目涉及的都是公共领域，企业参与PPP项目除了获得一定的经济收益之外，也是履行社会责任的一种较好的方式。通过参与PPP项目，展示履行社会责任形象。

问题10 为什么要让政府、社会资本、居民共享政社合作收益？

虽然政府、社会资本、居民这三者之间目标呈现差异性，在某种程度上说是存在一定对立性，比如：居民要求质量比较高的公共服务，就需要政府和社会资本投入更多的财力，增加政府、社会资本、居民这三大主体之间目标兼容的难度。但可以通过合理的制度设计，实现这三大主体之间目标兼容，比如：建立政府、社会资本、居民共享PPP项目收益制度，让他们都能从PPP项目中获得收益，从而支持、推进PPP模式发展，实现这三大主体之间目标激励相容。

对于公共服务使用者付费的项目，社会资本参与这类PPP项目，从使用者付费中获得一定的收益；与完全由政府提供公共服务相比，居民不用付出更多，但可以享受更多、更好的公共服务；对于政府而言，不用参与这类公共服务提供或减少参与提供的投入，降低财政负担。因此，政府、社会资本、居民都从中获益，实现多赢和收益共享。

对于政府付费的PPP项目而言，社会资本参与这类PPP项目，从政府付费中获得收益；与完全由政府提供公共服务相比，居民可以享受更多、更好的公共服务；对于政府而言，通过招投标引入社会资本，可以降低财政负担和当期财政支出压力。因此，政府、社会资本、居民都实现了收益共享。

问题11 政社合作项目的超额收益能否分享及如何分享？

对使用者付费的PPP项目可能会因使用者需求激增，导致项目公司获得超出合理预期的超额利润。有人提出对PPP项目的超额收益要进行限制，防止因使用者需求激增或收费价格上涨导致社会资本获得超额收益。我们认为，需要区分超额收益来源，采取相应的激励措施。为充分发挥社会资本的积极性，激发其创造力，可以让社会资本分享由其努力、创新 PPP 项目运营而获得的超额收益。

一是建立浮动收益制度。为充分体现社会资本在 PPP 项目中的贡献，可以按照努力与收益匹配原则分配超额收益。如果社会资本依靠运营努力、创新而取得 PPP 项目的超额收益，可以全部归属于社会资本。如果是政策因素导致 PPP 项目的超额收益，则不能归属于社会资本。

二是实施跨期平衡策略。为增强社会资本创新的动力，可以在前期允许社会资本获得相对低一点的回报，在 PPP 项目运营中后期阶段获得相对较高一点的回报。这样，更有助于激发社会资本进行创新。

三是其他项目优先支持。为充分发挥社会资本投资、建设、运营 PPP 项目的积极性，如果社会资本对某一 PPP 项目建设、运营得好，以后在本区域内的其他 PPP 项目可以对其优先考虑。

四、政社合作中的体制

问题 12　政社合作体制机制主要包括哪些层次？

PPP 体制机制主要包括以下两个层次：

一是宏观层面的体制机制。由于政府和社会资本合作是资源配置和国家治理的新模式，因此，适应 PPP 发展，需要大力建设与之相适应的制度、体制与机制，包括金融、法律、公共服务监管、公共服务建设与运营、税收、财政支出、预算等相关制度。

二是微观层面的体制机制。主要是指 PPP 项目运作机制，包括政府和社会资本合作形式、项目融资方式、报酬机制、风险分配、合同履行、违约处理、社会资本退出时间与方式等。

问题 13 为什么要共建政社合作相关的体制、机制？

一是增强 PPP 相关制度、机制、体制的可执行性和可操作性，需要政府、社会资本、居民共建。在政府主导公共服务提供模式下，政府是公共服务的生产者、监管者，并建立与其相应的公共服务供给的融资体系、税收制度等。运用 PPP 方式提供公共服务，政府角色发生改变，政府工作重点是对公共服务提供的规划、对公共服务提供的数量、质量进行监管等方面。因此，从政府主导公共服务提供模式向运用政府和社会资本合作提供公共服务模式转型，需要建立与 PPP 发展相适应的金融、法律、公共服务监管、公共服务建设与运营、税收、财政支出、预算等相关制度。这些制度的建立、完善需要地方政府、社会资本、居民参与，充分听取他们的意见与建议，增强制度的可操作性。

二是提高社会资本参与 PPP 项目的积极性，需要政府、社会资本共商共建体制机制。政府与社会资本合作提供公共服务，具体采取哪种形式、具体融资机制、项目运作机制、退出机制、政府与社会资本之间的股权比例、风险与责任分配机制、收益分享机制，需要政府与社会资本之间进行协商共建。比如：为应对政府和社会资本合作提供公共服务中的经济环境、公共服务的受益者规模变化，可能会出现社会资本的收益达不到合同约定的最低收益水平，需要政府和社会资本各方在公共服务提供合同签订时，就相关事宜进行磋商，建立利益补偿等相关机制。

问题 14 如何共建政社合作体制机制？

共建 PPP 体制机制的重点最好从以下几个方面着手：

一是建立政府和社会资本共同规划 PPP 项目的体制机制。吸引社会资本参与公共服务提供，并不是简单地把公共服务的市场准入放开，他们就会自动进入。社会资本注重项目的盈利性，为利益而来，如果预计公共服务项目不能盈利，就不会进入。因此，需要提升公共服务项目策划能力，与社会资本共同进行策划 PPP 项目，并建立共同规划机制，增强他们参与提供公共服务的吸引力。

二是提高政府、社会资本共建 PPP 体制机制能力。对政府而言，需要全方位提高相关能力。（1）需要提升认识和学习能力。需要从治理角度认识 PPP，树立政府和社会资本、居民各方共治理念。PPP 是国家治理新模式，区别与政府主导公共服务提供的模式，需要政府相关工作人员加强学习，适应 PPP 发展的需要。（2）提高制度建设能力。适应 PPP 发展需要，加快提升与 PPP 相适应的制度、体制与机制建设能力。（3）提高监管能力。公共服务涉及公众利益，鼓励社会资本提供公共服务，需要平衡好公共服务对市场的盈利性与公共利益，防止社会资本牺牲公共利益而获取项目的盈利性，因此，加强监管和提高监管能力尤为必要。当然，也可以引入第三方对 PPP 项目进行监管。

对于社会资本而言，参与公共服务提供，也需要增强相关能力。（1）增强法律、税收、制度等学习和研究能力。运用 PPP 提供公共服务，政府出台很多法律法规、制度等，需要及时学习。从政府主导公共服务提供的模式，向政府和社会资本合作提供公共服务转型过程中，有很多制度处于不断完善过程，需要社会资本不断学习和研究，并及时向政府提出有建设性的意见和建议。（2）增强创新能力。市场主体处于市场前沿，熟悉商业运作，应加强 PPP 项目能力建设，提出更多、更好的模式。

三是增强政府与市场、社会主体相互适应能力。在政府主导公共服务提供模式中，政府与市场、社会处于不平等地位，政府处于监督、提供、生产运营方，市场、社会处于公共服务的受益方。尤其是公共服务提供具有垄断性时，政府居高临下地命令指挥。而政府与市场、社会合作提供公共服务时，需要平等协商，相互适应。比如：如果政府相关负责人或市场、社会主体的负责人变更，PPP 项目中的其他主体都需要适应不同风格。

第五章
政府和社会资本合作的产权安排

从政府主导公共服务提供模式向运用政府和社会资本合作提供公共服务模式转型，不仅会增加社会资本等相关主体，也涉及公共服务经营权等相关问题，因此，政府和社会资本合作产权问题已凸显。本章侧重分析政府和社会资本合作的产权安排。

一、政社合作产权的内涵与层次

问题 1　如何认识政社合作产权的内涵？

我们认为，产权的实质就是权益，分析产权问题需要将不同的利益主体之间的权益关系联系起来。同样地，认识 PPP 产权需要从涉及的不同主体角度出发，分析他们之间的权益关系。

PPP 产权涉及的主题包括项目资产的所有权、占有权、使用权、经营权（运营权）、收益权、处置权如何在政府、社会资本、居民之间配置，项目公司运营形成无形资产产生的相关产权的归属对象，等等。

问题 2　政社合作产权主要包括哪些层次？

PPP 产权主要包括以下两个层面：

一是存量 PPP 项目与增量 PPP 项目的产权。对已有公共服务（完成建设，或正在建设，或正在运营）的项目转化为 PPP 项目，涉及项目资产所有权和运营权的转让、项目资产的收益权与项目运营所提供的公共服务的收益权界定、项目资产处置权界定、项目运营期结束后资产所有权归属等这些问题；对增量 PPP 项目而言，不涉及现有项目资产所有权的转让，但涉及项目资产的所有权和收益权、项目运营所提供的公共服务的收益权界定、项目资产处置权界定、项目运营期结束后资产所有权归属等相关问题。不论是存量 PPP 项目，还是增量 PPP 项目，政府和社会资本合作的方式不一样，涉及的产权相关问题可能呈现一定的差异性。

二是从 PPP 项目生命周期中合作形式角度认识 PPP 产权。PPP 全生命周期包括设计、规划、投资、建设、运营、维护、退出等阶段。在每个阶段，政府和社会资本合作的形式、深度可能不一样，有些 PPP 项目，可能是政府和社会资本股权合作，有些则是社会资本独资提供、政府购买公共服务的形式，有些则是社会资本租赁政府拥有的资产提供公共服务。PPP 项目形式有所差异，涉及的产权问题亦可能有所差异。因此，认识 PPP 产权问题，需要从每个阶段、环节加以进行。

二、政社合作项目中的产权界定

问题 3　政社合作是不是天然的混合所有制？

有学者认为，PPP 是天然的混合所有制。我们认为，这种认识不能成立，PPP 是不是混合所有制，要看 PPP 的形式。PPP 包括股权合作、租赁经营等形式。如果社会资本与政府进行股权合作提供公共服务，那么 PPP 就是混合所有制。如果政府向市场、社会主体长期购买公共服务，不涉及政府与社会资本股权合作，那么 PPP 就不是混合所有制。如果政府从市场、社会主体租赁资产提供公共服务，并支付租赁费，市场、社会主体负责运营和维护资产，这不涉及所有制，因此，这种形式的 PPP 也与混合所有制没有直接关系。

问题 4 为什么要对政社合作项目经营权设定排他性（或唯一性）？

由于自来水、燃气、公路等基础设施具有一定的自然垄断性，在一定区域范围内只能允许一两家经营。因此，政府和社会资本合作提供公共服务时，通常会要求在 PPP 项目合同中增加唯一性条款，要求政府承诺在一定期限内不在项目附近新建竞争性项目。为什么要对 PPP 项目经营权设定排他性？其原因在于：

一是垄断竞争的市场结构能维持社会资本从 PPP 项目中获得盈利。对政社合作项目经营权设定排他性，维持公共服务领域的垄断竞争市场结构，有助于社会资本从 PPP 项目获得盈利。如果对政社合作项目经营权没有设定排他性，社会资本过度进入公共服务领域则有可能亏损。比如：在采用使用者付费机制的 PPP 项目中，项目公司的成本回收和收益取得与项目的实际需求量直接挂钩。一旦在 PPP 项目附近新建竞争性项目，就会分流项目的需求量，从而使得社会资本难以回收投资成本。一旦社会资本预期到这种可能性，就不会进入该 PPP 项目。

二是对社会资本的承诺效应。在 PPP 项目合同中设计公共服务提供的唯一性条款，具有重要的承诺效应，为社会资本参与 PPP 项目提供稳定的收益预期。

问题 5 如何界定政社合作项目中的项目财产权的归属？

《中华人民共和国公司法》（2013 年 12 月 28 日第十二届全国人民代表大会常务委员会第六次会议修订　自 2014 年 3 月 1 日起施行）的第三条规定“公司是企业法人，有独立的法人财产，享有法人财产权。公司以全部财产对公司的债务承担责任”。按照《公司法》此规定，PPP 项目成立项目公司，项目公司拥有项目财产。

问题 6　对政社合作项目的土地的权利有哪些限制？

土地使用者不能擅自处分划拨土地使用权，即不能转让、抵押和出租。但是，这并不意味着存量的划拨土地不能进入市场。划拨土地可以通过一定的形式和程序转为出让土地。在法律上，这属于原有划拨土地使用权的消失和新的出让土地使用权的取得。根据相关法律法规，划拨土地使用权是可以依法有偿转让的，但要按规定程序和条件报有批准权的人民政府批准，办理相关的手续，并补缴土地使用权出让金等土地所有者的收益。土地使用权出让最高年限按用途分别确定如下：居住用地 70 年，工业用地 50 年，教育、科技、文化、卫生、体育用地 50 年，商业、旅游、娱乐用地 40 年，综合或者其他用地 50 年。

PPP 项目合同中通常会约定，项目公司有权在项目期限内独占性地使用特定土地进行以实施项目为目的的活动。根据我国《土地管理法》规定，出让国有土地使用权可以依法转让、出租、抵押和继承；划拨国有土地使用权在依法报批并补缴土地使用权出让金后，可以转让、出租、抵押。

但由于土地是为专门实施特定的 PPP 项目而划拨或出让给项目公司的，因此在 PPP 项目合同中通常还会明确规定：未经政府批准，项目公司不得将该项目涉及的土地使用权转让给第三方或用于该项目以外的其他用途。

除 PPP 项目合同中的限制外，项目公司的土地使用权还要受土地使用权出让合同或者土地使用权划拨批准文件的约束，并且要遵守《土地管理法》等相关法律法规的规定。

问题 7　政社合作项目中的哪些财产和权利可以抵押、质押？

社会资本或项目公司有权处分的下列财产和权利可以抵押、质押，包括：项目公司的财产，包括动产和不动产；项目公司的土地使用权；项目公司的股权；合作项目的收益权；法律法规规定的可以抵押、质押的其他财产和权利。

但是，合同项下的权利抵押、质押的行使、处置通常也会受到一定的约束。2015 年 11 月 19 日，最高人民法院发布第 11 批指导性案例，该批一共四个指导案例，其中指导案例 53 号针对特许经营权的收益权能否质押这一实践难题作出回应，明确特许经营权的收益权可作为应收账款予以质押，并确定了特许经营权收益权质权的变通实现方式。即特许经营权的收益权依其性质不宜折价、拍卖或变卖，质权人主张优先受偿权的，人民法院可以判令出质债权的债务人将收益权的应收账款优先支付质权人。

三、政社合作项目公司股权

问题 8 政社合作项目主要关注哪些股权变更形式？

社会资本在 PPP 项目公司中的股权变更是项目合同的关注焦点之一。这主要是因为社会资本作为项目公司的控股股东，对项目公司的持续稳定经营具有重要影响。一般而言，项目合同所关注的社会资本股权变更主要有以下几种形式：

1. 直接或间接转让股权

从社会资本的立场来看，基于风险隔离及投资退出等考虑，往往倾向于设立项目公司（SPV）对项目公司进行投资，也就是设立多层级的投资结构，这意味着社会资本可以灵活选择在项目公司层面直接转让项目股权或者在项目公司层面间接转让项目股权。基于此，在 PPP 项目合同中，往往会将社会资本在项目公司及其上级公司中的股权变更均纳入限制范围，但这类限制的目的在于防止社会资本的实际控制人发生变更，因此对上级公司中不属于实际控制人权益的变更一般不宜作出限制。

2. 合并、分立、增资、减资等资本事件

除前述直接或间接转让项目股权外，导致项目公司中社会资本的实际控制人变更的情形还包括项目公司或社会资本所控股的上级公司合并、分立、增资、减资等资本事件导致社会资本实际控制人发生变更。在公司合并的情形下，社会资本可能会在存续公司或新设公司中出售股权或丧失控股权；在公司分立的情况下，社会资本可能会将项目资产剥离出其控股体系；在公司增资的情况下，社会资本可能以接受股权稀释的方式让渡项目控制权；在公司减资的情形下，社会资本亦可能通过定向减资实现退出。因此，PPP 项目合同对于可能导致社会资本转移项目权益的合并、分立、增资、减资等资本事件亦同样关注。

3. 股权附属权益的安排

PPP 项目合同对股权变更限制的最终着眼点是社会资本控股股东及实际控制人变更。由于《公司法》允许股东对股权中的表决权作出特别约定，理论上社会资本可以通过普通股—优先股的结构化安排，在不改变其持股比例的情况下降低或取消其表决权，从而导致其向第三方转移项目公司控制。此外，一些附带特殊权益的债权，如股东借款、公司可转债等，可能附带特定的表决权或者赋予债权人将债权转换为股权的权利，从而导致社会资本对 PPP 项目的控制和管理存在现实或潜在的弱化风险，故亦纳入“股权变更”的限制范围。

4. 兜底规定

为了确保“股权变更”范围能够全面地涵盖有可能影响项目实施的股权变更，PPP 项目合同中往往还会增加一个关于股权变更范围的“兜底性条款”，即“其他任何可能导致股权变更的事项”。典型情形就是民事强制执行导致社会资本在项目公司或其上级公司中的股权发生变更，但项目合同的限制性约定是否具有对抗民事强制执行的效力，则是一个值得深入探讨的问题。

问题 9 政府和社会资本对于政社合作项目股权变更的关注点有何不同?

基于各自性质、立场和诉求的差异，政府和社会资本对于股权变更问题的主要关注点并不一致，因此，综合考虑双方关注点、合理平衡双方利益诉求是适当界定股权变更范围及其限制的关键。

1. 政府的关注点

对于政府而言，限制项目公司自身及其上级公司股权变更的目的主要是为了避免不合适的主体被引入到项目的实施过程中。由于在项目合作方选择阶段，通常政府方是在对社会资本的资信能力、技术能力、管理能力等资格条件进行系统评审后，才最终选定社会资本合作方。如果在项目实施阶段、特别是建设阶段，社会资本将自身或项目公司的部分或全部股权转让给不符合上述资格条件的主体，将有可能架空政府对合格社会资本的选择标准，甚至导致 PPP 项目无法按照既定目的或标准顺利实施。

2. 社会资本的关注点

对社会资本而言，其希望自主决定项目公司及其上级公司中股权变更，以便于引入新的投资者，或尽快实现项目投资的变现与退出。由于 PPP 项目具有资金需求量大、投资回报期长的特征，社会资本从分散投资风险、缩短回报周期的商业利益立场出发，必然关注其在项目上的退出渠道，并且希望退出渠道尽可能多、退出限制尽可能少、退出价格尽可能高。相较于其他退出方式，股权变更退出门槛更低、退出效率更高、退出效果更彻底，但如果不加以限制，则无法对社会资本产生正向激励效果，进而导致公众利益受到损害。

问题 10 政社合作项目的股权变更有哪些限制?

根据财政部 2014 年出台的《PPP 项目合同指南（试行）》，PPP 项目的股权变更主要有锁定期限制和受让方资质限制两项。

1. 锁定期限制

锁定期是指社会资本维持其直接或间接持有项目公司股权状态的最低期间，锁定期内社会资本在项目公司及其上级公司中的股权不得发生转让、出质、被稀释等变更情形。锁定期限制是股权变更限制的主要机制。通常在 PPP 项目合同中会直接规定：在锁定期内，未经政府批准，项目公司及其上级公司不得发生项目合同所定义的任何股权变更的情形。至于具体锁定期限，则需要根据项目具体情况合理设定，既不至于影响项目的顺利实施，又不至于过分损害社会资本投资积极性。常见的锁定期是自项目公司设立之日起，至项目竣工并稳定运营后的一定期限。如此便较好地平衡了公共利益与商业利益。

在特殊的情形下，锁定期内可以例外允许发生股权变更：第一，项目贷款人以项目公司股权为本项目融资提供担保，导致股权结构变更；第二，项目公司及其上级公司股权在同一控制下进行重组，导致股权结构变更；第三，政府转让其在项目公司中的股权。

2. 受让方资质限制

除锁定期限制以外，PPP 项目合同可能会进一步对股权受让方的资格和条件作出限定，其目的是为了保证新的社会资本具备必要的项目运营资源和能力。PPP 项目合同一般会约定，受让方须具备相应的商业资信与履约能力，并继承转让方在项目合同中的义务等。另外，在一些特定的项目中，对于不受欢迎的特定主体，政府可能直接在合同中将特定主体列入负面清单，以排除该等主体进入特定 PPP 项目的可能性。受让方资质限制降低了社会资本所持项目公司股权的流动性，但是保障了 PPP 项目的长期稳定运行。受让方资质限制是锁定期限制的重要补充，对于保证 PPP 项目运营效果和服务质量具有重要意义。

问题 11　社会资本从政社合作项目中退出有哪些方式？

由于 PPP 项目涉及项目设计、工程建设、设备供应、融资安排、运营管理等多个环节，社会资本往往以多家联合的方式参与 PPP 项目，要求PPP项目建立灵活的退出机制。在目前法律框架下，PPP项目退出方式主要有以下类型：

1. 运营收益

在正常情况下，社会资本通过项目运营所产生收益逐步收回投资，并在项目运营期届满时按PPP项目合同约定条件退出。对于社会资本而言，这种退出方式的优点是投资回报预期明确、不额外增加退出成本，但缺点是退出期限长、投资回报相对固定。

2. PPP项目合同到期退出

在建设—运营—移交（BOT）方式下，社会资本在运营期限届满后向政府移交项目资产，即为典型退出方式。

3. 股权变更

尽管PPP项目合同对股权变更一般会采取锁定期限制和受让方资质限制，但股权变更仍然是社会资本退出PPP项目最为直接的方式。事实上，在社会资本履行完项目关键职责后，股权变更不失为一种便捷退出方式。

股权变更是最为直接的提前退出方式，在资本市场不发达、项目体量偏小的情况下往往是社会资本的最佳选择。股权变更的优点是操作简便快捷且易于控制，但缺点是受PPP项目合同限制较严格，股权流动性较低。

4. 政府回购

政府回购是在一定条件和期限下政府受让社会资本在PPP项目上的权益，这是我国建设项目传统退出机制。在建设—移交（BT）方式下，政府或其指定持有单位在项目竣工验收合格后以约定价格直接向建设单位购买项目资产或者项目公司股权，就是最为典型的政府回购。在生命周期较长的项目中，在触发PPP项目合同的回购条款时，政府往往有义务或权利回购社会资本的项目权益。

在收益偏低、风险偏高的PPP项目中，政府回购承诺是最为关键的项目增信措施。政府回购的主要功能在于覆盖社会资本的投资风险敞口，实现项目健康稳定运行，因此回购价格偏低，往往只能满足社会资本回收成本及最低回报的要求，但政府信誉极大提升了回购的可执行性。

5. 上市交易

在满足首次公开发行股票及上市交易（IPO）的条件下，社会资本也可以通过在证券市场上出售项目公司股票来实现投资回报。在多层次资本市场中，项目公司在“新三板”或者地方产权交易市场上挂牌出售股份，与 IPO 退出机制相似。由于公开市场的高流动性和高估值效应，上市退出于社会资本而言，是一种最佳的退出方式。

由于股票公开交易市场具有高流动性和高估值效应，项目公司股份上市公开交易具有高效率、高回报的特征，是社会资本最为青睐的退出方式。但是，股票上市交易的条件严格、程序复杂、成本高昂，符合上市条件的 PPP 项目数量有限，故这一退出方式的适用空间有限。

6. 资产证券化

在项目现金流稳定的情况下，项目公司也可以将项目资产或者项目资产组合（基础资产）出售给特殊目的载体（SPV），特殊目的载体再公开发行以该基础资产收益权为支持的证券产品，将该证券出售给公众投资者。这种方式适用于项目公司无法满足上市主体条件，但项目资产收益稳定的情形。

资产证券化具有资产支持和风险隔离两大特征，资产支持是指所发行证券有特定资产作为担保和该资产收益权作为回报来源，经营性和准经营性 PPP 项目投资周期长、现金流稳定，天然适合作为资产证券化的基础资产；风险隔离是指基础资产权属由项目公司剥离出来，通过信托等破产隔离机制阻断项目公司风险，从而保障公众投资人的投资安全。资产证券化通过将项目收益权拆细出售的方式，大幅提高了项目权益的流动性和项目融资效率，但基础资产转让可能面临政府的审批障碍及较高的税务成本。从发展趋势来看，资产证券化未来可能将是 PPP 项目退出的重要途径。

问题 12 国有资本退出政社合作项目需要经过哪些程序？

如果 PPP 项目是由政府和社会资本采取股权合作方式进行，国有资本退出 PPP 项目，需要经过批准、评估等若干环节，一般需在依法设立的产权交易场所进行。

《中华人民共和国企业国有资产法》（2008 年 10 月 28 日第十一届全国人民代表大会常务委员会第五次会议通过）的第五十一条规定，“本法所称国有资产转让，是指依法将国家对企业的出资所形成的权益转移给其他单位或者个人的行为；按照国家规定无偿划转国有资产的除外”。第五十三条规定：“国有资产转让由履行出资人职责的机构决定。履行出资人职责的机构决定转让全部国有资产的，或者转让部分国有资产致使国家对该企业不再具有控股地位的，应当报请本级人民政府批准”。由这两条不难看出，国有资本退出 PPP 项目需履行出资人职责的机构决定。履行出资人职责的机构决定转让全部国有资产的，或者转让部分国有资产致使国家对该企业不再具有控股地位的，应当报请本级人民政府批准。

《中华人民共和国企业国有资产法》（2008 年 10 月 28 日第十一届全国人民代表大会常务委员会第五次会议通过）的第五十四条规定：“国有资产转让应当遵循等价有偿和公开、公平、公正的原则。除按照国家规定可以直接协议转让的以外，国有资产转让应当在依法设立的产权交易场所公开进行。转让方应当如实披露有关信息，征集受让方；征集产生的受让方为两个以上的，转让应当采用公开竞价的交易方式。转让上市交易的股份依照《中华人民共和国证券法》的规定进行”。第五十五条规定：“国有资产转让应当以依法评估的、经履行出资人职责的机构认可或者由履行出资人职责的机构报经本级人民政府核准的价格为依据，合理确定最低转让价格”。由这两条不难看出：国有资本退出PPP项目，除按照国家规定可以直接协议转让的以外，国有资产转让应当在依法设立的产权交易场所公开进行。另外，国有资本退出PPP项目，需要经过依法评估程序。

第六章 政府和社会资本合作中的融资

市场配置模式和政府配置模式是已有的两种资源配置模式，政府与社会资本合作模式是资源配置、国家治理的新模式。政府与社会资本合作提供公共服务，区别于以政府主导公共服务提供，原来的融资模式、相关政策、体制机制难以适应这种新模式，需要加快融资模式创新，发展与之相适应的融资模式。

一、股权融资

问题1　什么是股权融资？ 政府和社会资本合作项目的股权融资有哪些优点和方式？

股权筹资形成股权资本，是企业依法长期拥有、能够自主调配运用的资本。股权资本在企业持续经营期间内，投资者不得抽回，因而也称之为企业的自有资本、主权资本或股东权益资本。股权资本是企业从事生产经营活动和偿还债务的本钱，是代表企业基本资信状况的一个主要指标。企业的股权资本通过吸收直接投资、发行股票、内部积累等方式取得。股权筹资项目，包括实收资本（股本）、资本公积金、盈余公积金和未分配利润等。其中，实收资本（股本）和实收资本溢价部分形成的资本公积金是投资者的原始投入部分；盈余公积金、未分配利润和部分资本公积金是原始投入资本在企业持续经营中形成的经营积累。通常，盈余公积金、未分配利润共称为留存收益。股权筹资在经济意义上形成了企业的所有者权益，其金额等于企业资产总额减去负债总额后的余额。

股权资本由于一般不用还本，形成了企业的永久性资本，因而财务风险较小，但付出的资本成本相对较高。股权筹资的优点包括：股权筹资是企业稳定的资本基础、股权筹资是企业良好的信誉基础、企业财务风险较小。其缺点在于资本成本负担较重、容易分散企业的控制权、信息沟通与披露成本较大。

以股权为主的融资模式包括股权出让融资、增资扩股融资、产权交易融资、杠杆收购融资、引进风险投资、投资银行投资、国内上市融资、境外上市融资、买壳上市融资等。

由于 PPP 项目较为复杂，建设期较难通过股权融资，除承包商、运营商等发起人，股权融资仅限部分专业投资机构以及专业投资基金。当 PPP 项目进入运营期，投资风险逐步降低，可能会有部分愿意获得稳定收益的保险、养老等资金进行股权投资，这时候部分项目发起人逐步通过股权交易、退出项目，提前实现投资收益，或者寻找投资机会。

问题 2　什么是政府和社会资本合作产业基金？ 政府和社会资本合作产业基金有哪些种类？

产业投资基金从组织形式来看，可分为公司型、契约型和有限合伙型。公司型基金是按公司法成立的法人实体，有与一般公司相类似的治理结构，基金很大一部分决策权掌握在投资人组成的董事会。与公司型基金不同，契约型基金不是法人，必须委托基金管理公司管理运作基金资产，投资者作为信托、资管等契约的当事人和产业投资基金的受益者，一般不参与管理决策。有限合伙型基金一般由普通合伙人（General Partner，GP）和有限合伙人（Limited Partner，LP）组成，普通合伙人只占基金的少数，但负责基金的投资和运作，有限合伙人是基金的主要投资者，不直接参与基金管理，保留一定的监督权，对投资活动承担有限责任，并享受优先分红。

在 PPP 模式下，产业投资基金的组织形式普遍为有限合伙型，其股东由普通合伙人（GP）和有限合伙人（LP）组成，GP 承担无限责任，LP 承担有限责任。在这类 PPP 产业投资基金中，GP 除了承担基金的管理运作职能外，一般还担任劣后级，优先承担一定比例的投资风险和损失。LP 享有优先级地位，不参与公司具体管理，但享有知情权和咨询权。有限合伙人内部又可根据风险收益配比的不同进一步划分为优先级和劣后级。GP 一般是该产业基金的实际管理者和运作者，对 LP 负有保值增值义务，且双方按照约定的绩效指标对收益进行分账。

PPP 产业投资基金具有杠杆融资机制，通过一定的资本金可以撬动更多的资本介入，其增信设计主要以结构化方式来进行内部增信，一般主要方式是社会资本和金融机构作为优先级，政府作为劣后级。此外，其他的增信措施还有土地抵押担保、收益质押担保、第三方担保等。

在目前各地不断涌现的 PPP 产业投资基金中，根据基金发起人的不同，又可分成三种模式。一是由省级政府层面出资成立引导基金，再以此吸引金融机构资金，合作成立产业基金母基金，母基金再根据审核后的项目设立子基金，由母基金做优先级，地方政府做劣后，承担主要风险。二是由金融机构联合地方国有企业发起成立有限合伙基金，一般由金融机构做 LP 优先级，地方国有企业或平台公司做 LP 的次级，金融机构指定的股权投资管理人做 GP。三是由有建设运营能力的社会资本发起成立产业投资基金，社会资本一般都具有建设运营的资质和能力，在与政府达成框架协议后，通过联合银行等金融机构成立有限合伙基金，对接项目。社会资本与金融机构合资成立产业基金管理公司担任 GP，金融机构作为优先级 LP，社会资本作为劣后级 LP，成立有限合伙形式的产业投资基金，以股权的形式（或少量债权）投资项目公司。

PPP 产业投资基金参与 PPP 项目投资具有灵活的特点，既可直接投资地方政府确定的项目公司（即特许经营公司或运营公司），作为股东持有项目公司股权，参与项目公司建设运营，分享项目公司收益；也可以债权或股权债权相结合的方式对 PPP 项目进行投资；还可参股地方政府发起设立的 PPP 基金，由其投资地方政府确定的 PPP 项目。根据投资方式的不同，产业基金获得的收益也不同。产业投资基金以股权投资 PPP 项目的收入包括股权分红收益及股权转让增值收益；产业基金以债权投资 PPP 项目的收入主要为利息收入；还有其他合法性收入，比如获得地方性税收减免而形成的收益。

问题 3　政府和社会资本合作产业投资基金主要有哪些退出方式？

PPP 产业投资基金的退出主要有以下几种方式：（1）项目清算。项目清算退出是指产业投资基金资金投入到 PPP 项目公司后，在项目投资公司完成项目任务（或阶段性投资任务后）后，通过项目投资公司清算（或注册资本减少）的方式，返还产业投资基金应当获取的股权收益，实现投资的退出。（2）股权回购/转让。股权回购/转让退出是指产业投资基金资金投入到 PPP 项目公司后，在项目投资公司完成项目任务（或合同约定投资任务）后，由项目发起人进行股权回购；或对外转让所持有的项目股权，通过溢价回购（转让）股权、获得合伙分红方式退出。（3）资产证券化。资产证券化退出是指产业基金资金投入到 PPP 项目公司后，以基础资产所产生的现金流为偿付支持，对项目资产信用增级，然后发行资产支持证券，获得投资收益后并退出。（4）资本市场上市。资本市场上市退出是指选择经营性基础设施和特色产业中的优良资产进行打包，并在资本市场上市，实现资产增值收益。

二、债权融资

问题 4 什么是债权融资？债权融资主要有哪些形式？

债权融资表示公司通过借贷的方式，向公司外部（也可以向股东借款进行债权融资）融资。债权融资的类型有银行信贷、中票、企业债、信托融资、项目融资、租赁等。向银行借款、发行债券、融资租赁和商业信用，是债务筹资的基本形式。

问题 5 什么是项目融资？项目融资主要有哪些特征和类型？

广义的项目融资是指一切针对具体项目所作的资金安排，简称“融资”。狭义的项目融资是指具有无追索或有限追索形式的融资活动，即融资不是主要依赖项目发起人的信贷或所涉及的有形资产，而是依赖项目本身的效益。传统融资（如信用贷款和抵押贷款）的基础和保证，是债务人现有的各种资产。项目融资的基础和保证是拟建项目未来的现金流量和项目建成后所形成的资产的价值。

《项目融资业务指引》（银监发〔2009〕71 号）规定，项目融资，是指符合以下特征的贷款：（1）贷款用途通常是用于建造一个或一组大型生产装置、基础设施、房地产项目或其他项目，包括对在建或已建项目的再融资；（2）借款人通常是为建设、经营该项目或为该项目融资而专门组建的企事业法人，包括主要从事该项目建设、经营或融资的既有企事业法人；（3）还款资金来源主要依赖该项目产生的销售收入、补贴收入或其他收入，一般不具备其他还款来源。

贷款人从事项目融资业务，应当以偿债能力分析为核心，重点从项目技术可行性、财务可行性和还款来源可靠性等方面评估项目风险，充分考虑政策变化、市场波动等不确定因素对项目的影响，审慎预测项目的未来收益和现金流。

贷款人应当要求将符合抵质押条件的项目资产和/或项目预期收益等权利为贷款设定担保，并可以根据需要，将项目发起人持有的项目公司股权为贷款设定质押担保。贷款人应当要求成为项目所投保商业保险的第一顺位保险金请求权人，或采取其他措施有效控制保险赔款权益。

项目融资具有不同于一般固定资产投资项目的风险特征，如贷款偿还主要依赖项目未来的现金流或者项目自身资产价值；通常融资比例较高、金额较大、期限较长、成本较高和参与者较多，从而风险较大，往往需要多家银行业金融机构参与，并通过复杂的融资和担保结构以分散和降低风险等。这些风险特征使得项目融资不同于一般的固定资产贷款，需要采取一些有针对性的措施对其风险加以控制和防范。

PPP 项目多为项目融资，并且多希望成为无追索权的项目融资。但是在我国，由于银行信贷方式及风险控制模式不同，PPP 项目多为银行信用融资或有追索权的项目融资，并要求母公司或政府（国有企业）进行担保。完整意义上的无追索权项目融资目前阶段很难实现。

项目的融资可以划分为两种：一是信用融资，以借款人信用为基础，项目前景仅是信用能力的一个方面，借款人提供完整的信用担保，融资方对其具有追索权；二是项目融资，仅以项目前景为基础，项目未来收益是主要保障，借款人接受收益监管和项目资产抵押、质押，融资方具有更全面的尽职调查义务和项目参与权。

问题 6　贷款主要包括哪些类型？

按机构对贷款有无担保要求，分为信用贷款和担保贷款。贷款是指以借款人的信誉或保证人的信用为依据而获得的贷款。企业取得这种贷款，无须以财产作抵押。对于这种贷款，由于风险较高，银行通常要收取较高的利息，往往还附加一定的限制条件。担保贷款是指由借款人或第三方依法提供担保而获得的贷款。担保包括保证责任、财务抵押、财产质押，由此，担保贷款包括保证贷款、抵押贷款和质押贷款。保证贷款是指按《担保法》规定的保证方式，以第三人作为保证人承诺在借款人不能偿还借款时，按约定承担一定保证责任或连带责任而取得的贷款。抵押贷款是指按《担保法》规定的抵押方式，以借款人或第三人的财产作为抵押物而取得的贷款。抵押是指债务人或第三人不转移财产的占有，将该财产作为债权的担保，债务人不履行债务时，债权人有权将该财产折价或者以拍卖、变卖的价款优先受偿。作为贷款担保的抵押品，可以是不动产、机器设备、交通运输工具等实物资产，也可以是依法有权处分的土地使用权。如果贷款到期借款企业不能或不愿偿还贷款，银行可取消企业对抵押品的赎回权。抵押贷款有利于降低银行贷款的风险，提高贷款的安全性。质押贷款是指按《担保法》规定的质押方式，以借款人或第三人的动产或财产权利作为质押物而取得的贷款。质押是指债务人或第三人将其动产或财产权利移交给债权人占有，将该动产或财务权利作为债权的担保，债务人不履行债务时，债权人有权以该动产或财产权利折价或者以拍卖、变卖的价款优先受偿。作为贷款担保的质押品，可以是汇票、支票、债券、存款单、提单等信用凭证，可以是依法可以转让的股份、股票等有价证券，也可以是依法可以转让的商标专用权、专利权、著作权中的财产权等。

问题 7　贷款担保主要有哪些分类？

贷款担保可分为人的担保和财产担保两种。人的担保主要指由作为第三人的自然人或法人向银行提供的，许诺借款人按期偿还贷款的保证。如果债务人未按期还款，担保人将承担还款的责任。财产担保又分为不动产、动产和权利财产（例如股票、债券、保险单等）担保。这类担保主要是将债务人或第三人的特定财产抵押给银行。

担保的具体形式主要有如下几种：（1）抵押。抵押是指借款人或第三人在不转移财产占有权的情况下，将财产作为债权的担保，银行持有抵押财产的担保权益，当借款人不履行借款合同时，银行有权以该财产折价或者以拍卖、变卖该财产的价款优先受偿。（2）质押。质押是指债权人与债务人或债务人提供的第三人以协商订立书面合同的方式，移转债务人或者债务人提供的第三人的动产或权利的占有，在债务人不履行债务时，债权人有权以该财产价款优先受偿。（3）保证。保证是指保证人和债权人约定，当债务人不履行债务时，保证人按照约定履行债务或者承担责任的行为。（4）留置。留置是指债权人按照合同约定占有债务人的动产，债务人不按照合同约定的期限履行债务的，债权人有权按照规定留置该财产，以该财产折价或者以拍卖、变卖该财产的价款优先受偿。（5）定金。定金较少用于银行信贷业务中。最常见为抵押、质押、保证三种主要的贷款担保形式。

问题8　政社合作项目收益债的内涵是什么？政社合作项目收益债主要包括哪些特征？

项目收益债券是以项目公司为发行主体，募集资金直接投入固定资产投资项目，项目运营收入进入专户并专项用于债券本息支付的债券。PPP 模式下的项目收益债无疑会成为债券市场新的投资品种，这些项目具有明确经营权转让、稳定的现金流及必要的政府补贴，债券发行的主要特征是项目导向，发行主体的信用资质不会是影响债券定价的决定性因素。此外，由于项目收益债的发债主体也并非地方政府，其发行利率将会明显高于地方政府债，而项目的属性决定了债券还款来源非常稳定，风险相对可控，具有明显投资价值。

项目收益债券的核心特征包括三点：一是募投项目可以产生稳定的现金流，现金流可预测且证据充分；二是实现现金流的封闭运转，即通过专户的设置实现了“融资—投资—项目收入—本息偿付”资金流的封闭运行，即从募集资金的筹集使用到项目资金回收再到债券本息的偿付，都在一个闭合的环境中操作；三是提供必要的内外部增信，确保当实际现金流情况未达到预测值时，债券通过增信可以确保按时还本付息。与国内的企业资产证券化相比，项目收益债券有两大特点：一是为在建或拟建项目融资，解决项目实际的资金需求；二是发行方式为公募发行，信息披露更加充分，有利于市场监督，同时公募品种市场流动性高，有利于降低债券发行利率。

项目收益债券在 PPP 领域的应用前景广阔。从行业上来说，符合国家产业政策、具有稳定收入且收入不主要来源于地方政府的项目均可以探索采用项目收益债来融资，包括垃圾处理、电力、污水处理、城市供水供热供气、收费公路、保障房建设、主题公园等领域的各类 PPP 项目。但 PPP 项目公司通常为项目而设立，成立时间较短、资产规模较小，盈利尚未体现，故需有相应的政策支持、激励，以此为 PPP 模式运作提供了一条阳光融资渠道。

问题 9 什么是政社合作项目资产证券化？如何操作政社合作项目资产证券化？

资产证券化是指企业或金融机构将其能产生现金收益的资产加以组合，出售给特殊目的的载体（SPV），SPV 再发行以该基础资产产生的现金流为支持的证券产品，将该证券出售给投资者的过程。资产证券化具有资产支撑和风险隔离两个特性，资产支撑是指资产证券化的证券必须有特定的资产作为支撑，经营性和准经营性 PPP 项目投资周期长、现金流入长期稳定，天然适合作为资产证券化的基础资产；风险隔离是发起人通过将支撑证券的资产出售给发行人的方式，使资产离开发起人资产负债表，从而实现的“破产隔离”，即基础资产转让后不再受到发起人债务人的追索。

目前，PPP 项目资产证券化属于政策重点支持对象，中国银监会、国家发展和改革委员会《关于银行业支持重点领域重大工程建设的指导意见》（银监发〔2015〕43 号）指出：“扩大信贷资产证券化基础资产范围，加快信贷资产流转，盘活信贷存量”。2014 年 11 月公布的

《证券公司及基金管理公司子公司资产证券化业务管理规定》将“基础设施、商业物业等不动产财产或不动产收益权”列为资产证券化基础资产。目前东部地区已有不少PPP项目在试水ABS资产证券化。

PPP项目资产证券化的操作步骤通常可分为四步：第一步是资产汇集，即PPP项目发起人选择可以作为证券化的基础资产汇集打包，形成“资产池”，PPP项目基础资产通常为基础设施或公共产品、服务的收费权或经营权。第二步是资产转移，即发起人设立并将基础资产转移至特殊目的机构（SPV），该SPV可以是信托计划、资管计划（SPT），也可以是公司或有限合伙企业（SPC），但由于目前特殊目的公司配套法律制度的缺失，国内通常以信托计划、券商或保险资管计划作为SPV。第三步是证券发行和销售，SPV在中介机构（一般为投资银行或证券公司）的帮助下发行债券，向债券投资者进行融资活动，债券销售回款在支付服务费后按约定价格返还发行人。这个过程中除了证券公司或投资银行的参与之外，还需要信用评级机构对资产实施信用评级，还可能涉及信用增级机构实施信用增级。第四步是投后管理，由服务机构（通常是发起人）负责对资产池实施续存期间的管理和到期清偿结算工作，包括收取资产池的现金流、账户之间的资金划拨、税务和行政事务以及清算结算，清算财产在全部偿付债券本息后仍有剩余的将返还发起人。

三、融资方式的选择与融资风险管理

问题10　如何实现政社合作项目融资方式与项目类型匹配？

PPP模式下，社会资本或项目公司可通过项目形成的财产和权利抵押、质押贷款、资产证券化等方式融资，总体上涵盖股权融资、债务融资两大类。

符合条件的项目运营主体可以在资本市场通过发行公司债券、企业债券、中期票据、定向票据等市场化方式进行结构化融资。项目公司也可以发行项目收益债券、项目收益票据、资产支持票据等。社会资本或金融机构也可以通过设立产业基金等形式入股提供项目资本金，或提供债权融资。各类信托、证券、基金、保险等金融机构可以创新运用债权投资计划、股权投资计划、项目资产支持计划等多种方式参与项目。

商业银行贷款仍是PPP项目最基本的债务资金形式，由于直接融资比重仍然偏低，企业过于依赖商业银行贷款的间接融资，项目资金仍然会受到商业银行贷款期限较短、贷款条件严格、利率较高等特点的影响。PPP项目的融资可以采用多元化的资金筹集途径：

一是产业投资基金。投资基金是通过信托、契约或公司的形式，通过发行基金证券将众多的、不确定的社会闲置资金募集起来，形成一定规模的信托资产，交给专门机构的专业人员按照资产组合原理进行分散投资，获得收益后由投资者按出资比例分享的一种投资工具。产业投资基金是投资基金的一种，指一种对未上市企业进行股权投资和提供经营管理服务的利益共享、风险共担的集合投资制度，通过多数投资者发行基金份额设立基金公司，由基金公司自认基金管理人或另行委托基金管理人管理基金资产，委托基金托管人托管基金资产，从事某种特定产业的投资。事实上，产业投资基金的融资模式也是传统的PPP途径的一种衍生，在项目进行过程中，职责的完成由SPV转交给了基金，由基金作为普通合伙人（General Partner）代表政府进行基础设施建设项目的PPP运行，对项目进行融资，寻找有限合伙人（Limited Partner）作为投资方对项目进行投资。基金能有效利用债务/资产的杠杆作用，利用资产来吸引高级债务（Senior debt）投注资金到项目，实现项目的融资。产业投资基金通过政府引入少量的资金，利用政府信用为杠杆，采用产业基金的运作模式，引导社会资本进入公共投资领域，为投资者开辟了一条风险适中、收益相对稳定的投资渠道。

二是收益信托。收益信托类似于股票的融资模式，由信托公司接受委托人的委托，向社会发行信托计划，募集信托资金，统一投资于特定的项目，以项目的运营收益、政府补贴、收费等形成委托人收益。

三是资产证券化。发起人（Originator）将缺乏流动性但却可在未来某个时期产生可预见的稳定现金流的资产汇集起来，出售给特设机构（Special Purpose Vehicle，SPV），由该机构通过一系列的结构安排分离与重组资产的风险与收益，增强资产信用度，并进行信用评级后将资产转化为可自由流通的证券，在金融市场上交易，最终实现融资的过程。投资者在这一过程中获得被证券化的金融资产未来现金流的收益权。与传统的银行贷款、发行证券等融资方式以融资者的信用作为融资基础不同的是，资产证券化的融资基础是资产，偿付来源与发起人的整体信用无关，而主要是来自于基础资产产生的现金流。投资者只需要考虑资产的质量即可，而不需要对发起人的整体信用水平进行判断。国外资本市场中主要的证券化基础资产品种主要分为：消费信贷；商业抵押贷款；租赁应收款；银行不良资产；其他未来有稳定现金流的资产，如公用事业费收入、基础设施收费、税收和财政收入、石油天然气储备、矿藏储备、林地的稳定收入。以基础设施收费证券化为例，基础设施的建设具有投资规模大、建设周期长的特点，发展基础设施收费证券化，是探索PPP模式下项目融资模式的另一条途径。基础设施收费证券化是以基础设施的未来收费所产生的现金流作为基础资产来发行债券进行融资的方式，债券还本付息的来源是基础设施未来收费所产生的现金流。

证券公司（包括基金子公司）可以通过成立资产支持专项计划，对有稳定现金流的PPP项目进行证券化，运用现金流分层等结构性金融技术，发行不同期限和信用等级的资产支持证券，为PPP项目开展融资。

问题11　如何对政社合作项目进行融资风险管理？

PPP项目设计交易结构过程中应关注融资风险管理。融资风险管理的其特点有：（1）以项目可行性研究报告作为风险分析的首要前提；（2）以风险的识别作为设计融资结构的依据；（3）以项目的当事人作为风险分担的主体；（4）以合同作为风险处理的首要手段和主要形式。项目融资风险的分类主要有：完工风险、生产风险、产品市场风险、信用风险、流动性风险、政治风险、自然风险、环境保护风险等。项目融资风险的处理方式包括：（1）通过债务承购保证和完工担保协议，限制和转移完工风险；（2）通过无条件的供应协议和销售协议，限制生产经营风险；（3）通过多元化的投融资结构和政府书面承诺，规避政治风险；（4）通过建立保险保障体系，转移不可抗力风险等。

其中，财政有限承诺、财政信用有限介入或不介入融资安排，是PPP模式衍生的财政风险控制的关键特征。这意味着PPP模式有效控制了因项目实施而产生的主权信用（中央财政）或次主权信用（地方财政）的或有预算约束和隐性债务风险。

四、创新政社合作融资

问题12 政社合作融资与政府主导提供公共服务模式下的融资有何区别？

政府主导提供公共服务，财政提供资金支持，或者是地方政府通过地方融资平台等为提供公共服务进行融资，还款来源有地方财政兜底和政府信用支持。PPP融资包括的工具和范畴比较广泛，不仅包括银行贷款，还包括PPP相关的基金、信托、保险、融资租赁等等。PPP融资区别于政府主导的公共服务提供所运用的融资模式。以PPP项目的银行贷款为例进行比较，就不难看出差异性：首先是融资主体不一样，以前是把地方融资平台作为融资主体，而PPP模式下的融资主体是项目公司或社会资本；其次是担保机制不一样，以前的模式有地方政府信用作为重要的支撑，而PPP模式则是依靠社会资本自身实力，地方政府不再提供信用担保；再次是还款来源不一样，以前模式还款来源有项目经营收益，也有财政还款，而 PPP 模式还款主要依赖 PPP 项目产生的现金流，也有财政付费给社会资本提供的公共服务。

问题 13　我国政社合作融资的现状如何？

总的来看，我国银行、证券公司、基金公司等金融机构对 PPP 项目表现出较高的热情，但我国 PPP 项目融资仍存在不规范或不完善之处：

一是银行贷款是 PPP 项目融资的主要方式。目前，PPP 项目融资工具主要是银行对 PPP 项目建设的贷款，虽然基金、信托、保险资金积极参与 PPP 项目建设、运营，但是，基金、信托、保险资金参与 PPP 项目还不多。且以银行贷款为主要融资方式难以满足投资大、经营期长且收益不高的 PPP 项目的资金需求。虽然银行能对未来能产生现金流的 PPP 项目进行贷款，但银行对 PPP 项目贷款面临一些困境，比如：PPP 项目的实际资金需求与银行各类资金在期限上存在一定的错配，且银行对项目资本金比例要求较高并需提供担保，融资成本较高；银行对 PPP 项目贷款也是基于未来有现金流的进行贷款，且贷款要经过风险评估、贷款审批等一系列流程，对贷款的还款来源、现金流等有相关要求，等等。以前，地方政府提供公共服务可以通过地方融资平台等融资，还款来源有地方财政兜底和政府信用支持。现在运用 PPP 模式提供公共服务，融资主体变成了 PPP 项目公司，项目公司获得银行贷款需要以提供公共服务或基础设施产生的现金流作为还款来源。对于准公益性和公益性 PPP 项目产生较少的现金流或者不产生现金流，难以覆盖贷款本息，就难以获得银行贷款①。

---

① 本部分根据“资产证券化是推进 PPP 模式发展的重要引擎”（赵福军，《上海证券报》2016 年 1 月 20 日）一文整理而成。

二是通过“明股实债”、“固定回报”形式进行变相融资。由于PPP项目投资大、经营期长且收益不高，社会资本对此担心，要求取得固定回报，甚至以“明股实债”形式参与PPP项目。“明股实债”、“固定回报”等形式不符合PPP要求政府、社会资本、居民共治、收益共享、风险共担、机制共建的治理要求。因此，财政部 发展改革委《关于进一步共同做好政府和社会资本合作（PPP）有关工作的通知》（财金〔2016〕32号）规定要避免通过固定回报承诺、明股实债等方式进行变相融资。

三是社会资本退出渠道不畅。目前，对PPP项目运营后的资本退出的渠道主要是政府回购、转让给其他社会资本等，难以适应PPP项目发展的需要。

问题14　如何创新我国政社合作融资模式？

以政府和社会资本合作方式提供公共服务，由于PPP项目需要资金规模大、运营期限长、回报率不高等，导致社会资本参与PPP项目的积极性不高，需要加快创新，大力发展PPP融资，增强社会资本进入PPP项目的积极性。尤其是要通过金融创新，解决PPP项目融资、股权退出等问题。

一是加快发展PPP项目资产证券化为PPP项目融资。针对PPP项目融资问题，对PPP项目进行证券化融资。对于能产生稳定现金流的PPP项目，鼓励先行先试，对PPP项目进行资产证券化。对准公益性和公益性的PPP项目，鼓励开展综合性的PPP项目，形成跨领域的收益项目，为打包项目资产做支撑。与此同时，加快PPP项目资产证券化相关的金融工具创新。比如：PPP项目投资所形成的收益或现金流（比如：收费权、PPP项目每年产生的经营性收入），变成可投资的工具，形成可以上市交易的证券化产品，增强资本的流动性。可以在PPP项目贷款基础上，开发出期限、利率不同的组合贷款产品，全程参与PPP

项目的融资服务，并结合 PPP 项目的稳定现金流推出项目收益债。可以根据 PPP 项目现金流特征，设计成合适的资产证券化产品，通过恰当的结构化设计使其满足不同风险偏好的投资者的需求。

二是做好 PPP 项目的策划和规划，为 PPP 项目创造良好的盈利模式和 PPP 融资模式创新创造条件。大力发展规划 PPP 项目（关于规划 PPP 项目详见本书第十一章），从 PPP 项目的全生命周期环节和其所在的区域规划，增强社会资本参与 PPP 项目的动力。

三是加快发展 PPP 项目股权交易市场。今后随着政府和社会资本合作深入推进，应加快发展 PPP 项目股权交易市场，方便社会资本退出。

第七章 政府和社会资本合作中的法律

在国外，部分国家制定了专门的政府和社会资本合作法律。我国没有专门的政府和社会资本合作法律，而是分散在相关法律和一些部门规章中，且这些法律和部门规章之间不协调、不配套。今后，我国应加快推进政府和社会资本合作立法，统筹兼顾政府、社会资本和公众利益之间关系。

一、国外政社合作立法的现状

问题1　国外政社合作立法的现状如何①？

在国外，由于对PPP和特许经营的认识存在差异，反映在立法中的差异就是部分国家制定的是PPP法，部分国家制定的是特许经营法，还有一些国家这两种法都存在，还有的国家没有就PPP进行专门立法，而是以现行的法律加以规范。

英国、澳大利亚、美国等国家制定的是PPP法或政策指南。英国是世界上PPP模式最成熟的国家。英国财政部颁布了一系列PPP指导

① 本部分根据“国外PPP和特许经营的关系”（景婉博）一文整理而成（刘尚希、王朝才等著：《以共治理念推进PPP立法》中国财政经济出版社，2016年10月）。

文件，如“PPP政策和指导”（Public Private Partnership Policy and Guidance）。澳大利亚2008年出台了“国家PPP政策框架”（National PPP Policy Framework）、“国家PPP指南概览”（National PPP Guidelines Overview）和“国家PPP指南细则”（National PPP Guidelines Material）。

在欧盟国家中，法国的基础设施和社会事业投资建设领域私有化程度相对较低，长期以来特许经营制度在法国是建设和管理公共服务和基础设施的最普遍模式。法国几乎所有的公共服务都向特许经营者开放，存在大量特许经营模式PPP项目。污水处理、垃圾收集与管理、电缆、城市交通、体育运动设施、学校餐饮、殡仪服务和供水都可以按照特许经营合同来组织。因此在立法中，法国PPP立法采取了特许经营立法的形式。法国早于19世纪就形成了特许经营制度，并发展出伙伴关系合同制度（“contrats departenar”），于2004年制定成文法。20世纪90年代以来，由于英国的PFI模式取得明显成效，法国转而倡导建立双轨制的PPP制度体系，将特许经营和政府购买服务都纳入法国的PPP制度框架。西班牙于2003年出台“西班牙特许经营法”（Ley reguladora del contrato de concesión de obras públicas），又于2005年颁布“西班牙新公共服务特许经营风险分担法”（Risk Sharing in the New Public Works Concession Law in Spain）。

问题2 如何看待国外政社合作立法呈现的差异性[①]？

是选择PPP立法还是特许经营立法实际上代表了英美法系和大陆法系这两大主要法系的两种立法思路的发展。两大法系立法思路与其对政府、市场、社会认识紧密相关。从政府和市场、社会的关系来看，英美法系国家历来对市场的认可度大于对政府的认可度，主张让市场、社

① 本部分根据“国外PPP和特许经营的关系”（景婉博）一文整理而成（刘尚希、王朝才等著：《以共治理念推进PPP立法》中国财政经济出版社，2016年10月）。

会全面参与国家经济活动，而政府最小限度干预。而大陆法系国家更加相信政府，认为政府有先天的权利，市场失灵存在，公共服务无法通过市场来提供。英美法系国家、大陆法系国家对政府、市场、社会之间关系的认识，在 PPP 立法上也体现出差别。

在英美系国家的 PPP 法中，对 PPP 的内涵的解释是比较灵活和包罗万象的，不管是否构成特许权，只要是一种长期合作关系都可以称为 PPP。而在大陆法系国家，更相信通过政府的规制来约束社会资本进入公共领域，因此倾向于通过特许权的方式来规范市场、社会参与公共服务提供，反映在立法行为中就是制定特许经营法。

二、我国政社合作法律的现状与未来立法导向

问题 3 政社合作主要涉及哪些法律法规？

PPP 主要不仅涉及《政府采购法》、《招投标法》、《国有资产法》、《审计法》等法律，还涉及《政府采购实施条例》、《招投标法实施条例》等行政法规。

此外，国务院、财政部、国家发改委、住建部等主要部门制定了大量涉及 PPP 的政策文件。比如：《国务院办公厅转发发展改革委卫生部等部门关于进一步鼓励和引导社会资本举办医疗机构的意见》（国办发〔2010〕58 号）；《关于推行环境污染第三方治理的意见》（国办发〔2014〕69 号）；《国务院办公厅转发财政部发展改革委人民银行关于在公共服务领域推广政府和社会资本合作模式指导意见的通知》（国办发〔2015〕42 号）；《关于推广运用政府和社会资本合作模式有关问题的通知》（财金〔2014〕76 号）；《关于政府和社会资本合作示范项目实施有关问题的通知》（财金〔2014〕112 号）；《关于印发政府和社会资本合作模式操作指南（试行）的通知》（财金〔2014〕113 号）；《关于规范政府和社会资本合作合同管理工作的通知》（财金〔2014〕156

号）；《国家发展改革委关于开展政府和社会资本合作的指导意见》（发改投资〔2014〕2724 号）；《基础设施和公用事业特许经营管理办法》（发展改革委、财政部、住建部、交通运输部、水利部、人民银行令 2015 年第 25 号）；等等。

问题 4　如何评价我国政社合作相关法律现状？

与国外 PPP 发展较为成熟的国家相比，我国没有专门的 PPP 法律，分散在相关法律和一些部门规章中，且这些法律和部门规章之间不协调、不配套。目前，我国 PPP 相关法律存在以下不足：

一是法律位阶低。目前 PPP 运行的维系大多靠各类文件来支撑，如，国务院的决定、通知、意见；各部委的规定、办法、通知；各级地方政府的相关规定等。

二是没有针对 PPP 的专门法律。目前我国涉及规范 PPP 项目的上位法律有两个，即《中华人民共和国政府采购法》和《中华人民共和国招标投标法》，但它们对政府和社会资本合作的针对性不强，具体规定少，很难指导形式多样的 PPP 项目。目前，我国涉及 PPP 的相关法律法规主要分散在相关法律之中和一些部门规章，这些法律法规缺乏足够的法律权威和效力，并且在法律衔接与配套等方面需要加强。而法国、巴西、韩国等国家都制定了专门的 PPP 法律。

三是与 PPP 相关的法律法规还存在不协调、不配套之处。政府和社会资本合作涉及面广，涉及宪法、民法、商法、行政法、经济法、社会法、刑法、诉讼与非诉讼程序法等相关法律领域。此外，政府和社会资本合作涉及的参与部门众多，有政府部门、社会资本、第三部门和广大民众，对于各参与主体的法律规定也需要系统的衔接。

问题5 如何推进我国政社合作立法①？

针对我国PPP发展的现状以及PPP法律存在的不足，我们认为有必要对PPP进行专门的立法。在推进PPP立法时应把握好以下几个要点：

一是从制度主义转向行为主义，从一刀切式的制度治理转向多元行为治理。传统理论认为，公共产品只能由政府单边提供。现实已经突破这种理论。市场也可以与政府合作，共同提供公共产品。在PPP立法导向上，要从制度主义的界域思维转向行为主义，从单边思维转向共治理念，从法律文本导向转向法律实施导向。PPP立法的根本目标就是化解不确定性，降低不确定性的程度。通过法律的规范和约束，明确相关主体的权责利，使老百姓、政府、社会资本的行为都可预期，风险和收益也都可预期。为此，整部立法应基于行为主义的法律实施导向，而非基于制度主义的法律文本导向。要坚决避免此前在PPP和政府特许经营实际运行中出现的部门划块、不协调、不统一问题，把PPP立法和政府特许分开来考虑。确保整部法律的权威性、科学性、协调性、连续性，力争形成最大共识，确保《PPP法》能够成为一部可落地、可执行、能奏效的良法。虽然PPP强调多元主体共治，PPP项目全过程会涉及多种法律行为和法律关系，但是要避免随意嫁接，混为一谈，把《PPP法》变成一个包罗万象的综合管理法。

二是应实现从放权思维向分权思路的转变，淡化PPP立法的行政色彩，定位于民事立法和强调程序正义。PPP共治理念的核心是分权改革，没有分权改革就无法实现政府、市场、社会的共治，无法共治，治理现代化就难以实现。为此，应实现从放权思维向分权思路的转变，淡化PPP立法的行政色彩，定位于民事立法和强调程序正义。与分权改

---

① 本部分根据“以共治理念推进PPP立法”（刘尚希）一文整理而成（刘尚希、王朝才等著：《以共治理念推进PPP立法》中国财政经济出版社，2016年10月）。

革相适应，淡化整部法律中的审批、批准色彩（强化的是政府责任及义务，而非行政权力本身）。属于一致性监管和行政许可范围的事项，依据已有的相关法律，不应纳入 PPP 立法中来。PPP 立法应当更加倾向于程序正义，重点是通过标准化的严格程序对政府、市场、社会的分工合作行为进行规范。通过程序实现各方主体责权利的相互制衡和约束，避免公共风险和财政风险的隐性积累，充分确保公共利益的最大实现及各方利益的合理平衡。

三是坚持“负面清单”立法思维。政府特许经营是一种计划经济“正面清单”的放权思路，与全面深化改革、打破垄断而开放的“负面清单”思维截然不同。应着眼中国改革与发展大局，坚持“负面清单”思维推动 PPP 立法。PPP 强调的是向市场、社会分权，属于市场经济的“负面清单”思维。如果在公共基础设施和公用事业领域大规模和大范围应用政府特许经营，以正面清单方式解决市场经济条件下的市场准入问题显然是行不通的，与我国市场化改革的大方向显然相悖。坚持“负面清单”思维，以更为宏观的视野（非囿于单个项目）加快推进 PPP 立法，才是破除公共领域独占性、推进公共治理改革和解决公共服务有效供给的良策。建议从国家治理的顶层设计高度和以“负面清单”的思维重新审视《政府特许经营条例》的立法必要性。从法律的系统性和规范性角度考虑，建议修订完善《行政许可法》，并在新修订的《行政许可法》中进一步明确需要政府特许的领域和范围。涉及政府特许具体实施和操作层面的规范可以实施细则的方式制定出台。考虑到政府行政特许的范围是动态调整的，完全没有必要就政府特许经营单独立一部《特许经营法》或《特许经营条例》。特许的内容归入行政许可法范畴，经营的内容归入 PPP 立法的范畴。

问题 6　未来我国政社合作立法应如何定位？

针对 PPP 立法，有学者认为 PPP 项目主要体现公共性，建议 PPP

立法应以公共利益为导向；也有学者认为 PPP 项目具有公共性和盈利性，建议 PPP 立法以兼顾公共利益与社会资本利益为导向。针对不同学者的观点，应如何确定 PPP 立法导向，是 PPP 立法中的重要主题。

我们认为，PPP 立法应统筹兼顾社会资本、政府与公众利益，既要防止一味为了公共利益而忽视社会资本的利益，又要防止为过分注重社会资本利益影响公共利益。如果一味为了公共利益而忽视社会资本的利益，那么，社会资本就不会有积极性参与 PPP 项目，政府和社会资本合作难以形成；如果过分注重社会资本利益而影响公共利益，这就违背了政府和社会资本合作提供公共服务是更好地实现公共利益这一目标。因此，PPP 立法应统筹兼顾社会资本、政府与公众利益。

三、政社合作中的部分重要法律主题

问题 7　政社合作适用《政府采购法》还是《招标投标法》？

基于逻辑上对《政府采购法》及《招标投标法》各自调整对象、相互关系以及 PPP 标的性质进行三个层面的分析，PPP 优先适用《招标投标法》，《招标投标法》无规定时适用《政府采购法》。

1. 调整对象

《政府采购法》的调整对象是政府采购行为，所谓政府采购是指“国家机关、事业单位和团体组织，使用财政性资金采购依法制定的集中采购目录以内的或者采购限额标准以上的货物、工程和服务的行为”。《招标投标法》的调整对象是中国境内的工程建设项目，包括大型基础设施、公用事业、国有资金投资项目、国家融资项目以及使用国际组织或外国政府资金的项目。根据《招标投标法实施条例》第二条规定，“工程建设项目”是指工程以及与工程建设有关的货物、服务。

2. 相互关系

从上述分析可见，政府采购的标的为“货物、工程和服务”，招标投标的标的为“工程以及与工程建设有关的货物、服务”，加之公开招标是政府采购的法定方式之一，故相对于《政府采购法》而言，《招标投标法》是特别法，当政府采购使用公开招标方式时，应当优先适用《招标投标法》。两部法律的立法目的有部分重合，均有保护国家利益、社会公共利益及当事人合法权益之目的，但《政府采购法》有促进廉政建设的特殊目的，而《招标投标法》有提高经济效益、保证项目质量乃至维护市场竞争秩序的特殊目的。

3. 标的性质

根据财政部及国家发改委有关部门规章及规范性文件，PPP 模式主要适用于基础设施和公共服务；从实践中来看，PPP 项目一般包含工程建设、设备采购、运营管理，但也有仅涉及项目管理的。基于特别法优于一般法的原则，PPP 项目包含工程以及有关的货物、服务的，则应当优先适用《招标投标法》，在《招标投标法》无相应规定时适用《政府采购法》，以实现两部法律共同的立法目的及个殊的立法目的；PPP 项目不涉及工程建设的，则一般适用《政府采购法》而非《招标投标法》。因此，《政府采购法实施条例》第七条明确规定，政府采购工程及相关货物、服务，采用招标方式采购的，适用《招标投标法》，但亦应执行政府采购政策；采用其他方式采购的，适用《政府采购法》。

问题 8　政社合作合同法律性质是民事合同还是行政合同？

PPP 项目合同的法律关系属性问题，PPP 项目合同的法律性质是民事还是行政合同，一直存在争议。目前，不同法规、制度存在差异。比如：最高人民法院在《关于适用〈中华人民共和国行政诉讼法〉若干问题的解释》第 11 条将政府特许经营协议列为行政协议，“公民、法人或者其他组织就政府特许经营协议提起行政诉讼的，人民法院应当依法受理。而财政部制定的《政府和社会资本合作项目政府采购管理办法》第 22 条规定：“项目实施机构和中标、成交社会资本在 PPP 项目合同履行中发生争议且无法协商一致的，可以依法申请仲裁或者提起民事诉讼。”

有观点认为，PPP 项目合同属于特许权协议是典型的行政合同，理由见专栏 7－1。

专栏 7－1 PPP 项目属于行政合同的看法与认识

有观点认为，PPP 项目合同属于特许权协议是典型的行政合同，其理由如下：

第一，签订 PPP 项目合同是有权政府机关根据法定的形式和程序授予符合条件的社会资本，从而允许其在一定期限和范围内经营某项基础设施或市政公用事业产品并提供公共服务的行为，且政府在 PPP 项目实施过程中对社会资本进行管理和监督，该一系列的行为符合行政法律关系的特征，即行政法律关系是行政主体在实现行政职能过程中与行政相对人经行政法调整的关系，因此认为 PPP 项目合同具有典型的行政法律关系属性。

第二，PPP 项目合同的签订目的在于建设公共基础设施或提供公共服务，最终服务社会公众。签订 PPP 项目协议的目的在于行政管理。从这一角度来看，PPP 特许权协议是行政合同。

第三，PPP 项目协议具有一定公益性，在 PPP 项目协议，特别是含有特许权许可的协议订立之前，需要履行一系列行政审批程序，只有当这些前置的行政审批程序完成才能最终签订协议并使之生效。

也有观点认为 PPP 项目合同属于民事合同，其理由见专栏 7－2。

专栏7－2　PPP项目属于民事合同的看法与认识

有观点认为，PPP项目合同属于民事合同，PPP项目所涉及的主体在法律上处于平等的地位。签订PPP项目合同是双方平等协商从而确定PPP项目中双方的权利义务及风险分配等，其符合民商事法律关系的特征，即平等主体的自然人、法人、其他组织之间的民事权利义务关系，因此认为PPP项目合同具有典型的民商事法律关系属性。

我们认为，PPP项目合同的不同内容决定其为兼具公法和私法性质的混合合同。PPP合同既包括政府作为民事法律主体向社会资本购买公共服务、与社会资本合作提供公共服务等内容，又包括政府作为公共事务的管理者，在履行PPP项目的规划、管理、监督等行政职能时，与社会资本之间构成行政法律关系。因此，PPP行为及PPP项目合同既不是单纯的行政法律关系，也不是单纯的民商事法律关系，而是同时兼具民事法律关系属性和行政法律关系属性，是两种法律关系属性的交叉和融合。PPP项目合同相关法律关系的确立和调整依据，主要是现行的民商法、行政法、经济法和社会法，包括《政府采购法》、《合同法》、《预算法》、《公司法》、《行政许可法》、《行政处罚法》、《行政复议法》、《民事诉讼法》、《行政诉讼法》等。

问题9　对政社合作项目合同违约到底选择哪种救济措施？

关于合同违约的采取救济措施方式主要有三种方式：一是赔偿违约的所产生的损失；二是继续履行合同；三是采取补救措施，主要是对违约责任没有约定或约定不明确时，受害方可以根据合同性质和损失大小，要求对方承担修理、更新、退货或减少价款、报酬等违约责任。

对于 PPP 项目合同违约而言，建议采取“继续履约、采取补救措施”作为首要的措施。PPP 项目合同涉及公众利益，且公共服务具有一定的垄断性。如果中止政府和社会资本合作合同，可能会影响公共服务提供和公共利益的实现，因此，对于 PPP 项目合同违约，最优选择是“继续履约，采取补救措施”。

如果采用赔偿作为首要的措施，就会面临以下问题：（1）赔偿的不充分性。公共利益的价值有时难以衡量，法院面临如何认定损害的问题。选择“继续履行或采取补救措施”时，由于法院不必面对如何认定损害的问题，实际上就是尊重市场对资源配置机制的作用，将价格交给由市场机制决定，可节省当事人的二次谈判成本。（2）赔偿的主观价值与客观价值的差异问题。对期待利益的精确确定常常是很困难的，因为市场价格所确定的价值与当事人主观上确定的价值并不一定相符合。（3）赔偿过程中会发生很多成本，例如双方的律师等诉讼费用、受害方重新进行交易所需要的成本，这些成本都是巨大的资源浪费。（4）重视履约的诚信价值。社会资本、地方政府在参与 PPP 项目时，应该注重发挥诚信价值。

当然，需要指出的是，如果违约过程中存在财产损失等情况，采取“继续履约或采取补救措施”时，也应赔偿相关财产等损失。如果没办法采取“继续履约或采取补救措施”时，只能选择采取赔偿措施。

问题 10 应通过政社合作立法重点防范政府、社会资本的哪些行为风险？

如本书第四章所述，在政府和社会资本合作过程中，有可能会出现地方政府、社会资本的道德风险行为，应通过 PPP 立法对政府、社会资本这些行为加以规范，防止公共利益受损。

一是防范政府、社会资本的事前道德风险行为。要防范社会资本在事前低于正常价格进行竞标、围标等行为，防范地方政府急功近利等行为。

二是重点防范政府、社会资本签约后的违约行为。在PPP项目执行过程中，地方政府、社会资本都有可能违约。因此，对政府、社会资本的事后违约行为，都需要加以防范。

三是重点防范地方政府与社会资本的合谋行为。比如：要防范政府和社会资本签订的合同流于形式、随意修改合同条款的行为，防止对社会资本设定的招标条件设置太过于具体，等等。

第八章

政府和社会资本合作中的税收政策

我国不断出台与完善促进公共事业发展相关的税收优惠政策，逐步形成与政府和社会资本合作相关的税收优惠政策体系。但是，相关税收优惠政策需要进一步完善和明确，土地使用税、房产税、契税等税收优惠政策主要针对政府及事业单位，对公共服务的税收优惠范围较窄，对公共服务等企业所得税的优惠期限较短，难以适应政府和社会资本合作发展的需要。今后，政府和社会资本合作是公共服务提供的新常态，应尽快完善与之相适应的税收优惠政策。

一、政社合作中各环节涉及的税收

问题1　投资设立环节可能会涉及哪些税收？

在PPP项目中，政府出资形式可能是存量资产，也可能是增量资产，资产在进入项目公司时发生资产转让，如果是单纯的资产转让行为，其货物或劳务会涉及增值税；PPP项目主要涉及公共基础设施建设，很多情况下，土地使用权以非行政划拨的方式注入项目公司，按照税法规定，应视同有偿转让，因此有契税、土地增值税的潜在税负。政府以不动产出资，项目公司承受了作为投资的土地房屋，需要按照有关的规定办理产权变更，根据契税的一般征税规则，被投资方项目公司需要缴纳契税。

社会资本如果以货币出资，只需就合同缴纳相应的印花税，但如果是实物资产或无形资产等非货币性资产出资，就有增值税、土地增值税、印花税以及企业所得税的潜在税负。

不过，在设立项目公司时，绝大多数 PPP 项目都是以股权投资的方式注入资本，这样就可以规避流转税（增值税和土地增值税），大幅度减少企业所得税。例如，对于政府的存量项目，社会资本如果收购原项目公司股权，股权转让过程中的资产转让就以股权转让的方式体现，从而避免缴纳流转税。

问题 2　建设环节可能会涉及哪些税收？

建设环节包括取得项目用地、项目设计、项目建造、设备的购置安装等。项目用地如果是有偿出让的，支付的土地出让金可以作为无形资产的成本，按照项目的特许期限进行摊销，摊销额在企业所得税前扣除。无偿取得项目用地的，在确认无形资产的同时还要确认政府补助的营业外收入。在项目设计阶段，设计单位收取的设计费要缴纳增值税，设计单位开具增值税专用发票给项目公司进行增值税进项抵扣。工程公司具体施工环节按照施工进度从项目公司取得收入，营改增后按照建筑业缴纳增值税，并开具增值税专用发票给项目公司进行增值税进项抵扣；按照完工进度确认工程收入、成本和毛利，分别在建筑项目所在地和注册地主管税务机关缴纳企业所得税。建成完工后项目公司按照资产价值确认为固定资产、无形资产或金融资产，分别以折旧或摊销的方式在企业所得税前扣除。项目采购设备环节，境内设备供应商要缴纳增值税、企业所得税等，境外设备供应商要还需缴纳关税。项目公司取得相应的增值税专用发票用于抵扣。

问题 3 运营环节可能会涉及哪些税收?

运营环节主要包括材料服务的采购、产品的生产销售或服务的提供、财政补助的取得、利润的分配等。营改增后，项目公司采购原材料、服务等都取得增值税专用发票，可用于进项抵扣，相应的供应商缴纳增值税、企业所得税等；项目公司生产销售产品或提供服务取得收入，按照税收政策缴纳增值税、企业所得税等，如有税收优惠可相应减免。运营期间，项目公司拥有的土地、汽车等财产要缴纳房产税、城镇土地使用税、车船税等。政府为补助项目运营给予的财政资金可以作为有专门用途的财政资金，企业所得税计入不征税收入。项目公司获得利润后给股东派发的股利，如果股东是居民企业则股息免交企业所得税；如果是非居民企业，则要由项目公司代扣代缴企业所得税。

问题 4 移交环节可能会涉及哪些税收?

项目移交环节对于项目公司来说就是公司的清算。如果以货物财产转让移交方式进行，应当就货物、财产转让缴纳增值税、契税、印花税等，清算所得要缴纳企业所得税。如果以股权转让方式进行，则不属于增值税应税范围。对于股东来说，移交就是股权的注销，不属于增值税应税范围，但应就股权投资收益申报缴纳企业所得税。

二、政社合作相关的税收优惠政策

问题 5 目前有哪些促进政社合作的增值税优惠政策?

目前，与 PPP 相关的增值税优惠政策主要有：

（1）销售自产的再生水免征增值税。《财政部 国家税务总局关于资源综合利用及其他产品增值税政策的通知》（财税〔2008〕156 号）第一条第（一）项规定：销售自产的再生水免增值税。其中所谓的再生水是指对污水处理厂出水、工业排水（矿井水）、生活污水、垃圾处理厂渗透（滤）液等水源进行回收，经适当处理后达到一定水质标准，并在一定范围内重复利用的水资源。

（2）污水处理劳务免征增值税。《财政部 国家税务总局关于资源综合利用及其他产品增值税政策的通知》（财税〔2008〕156号）第二条规定，对污水处理劳务免征增值税。污水处理是指将污水加工处理后符合GB18918－2002有关规定的水质标准的业务。

（3）垃圾处理、污泥处理处置劳务免征增值税。《财政部 国家税务总局关于调整完善资源综合利用产品及劳务增值税政策的通知》（财税〔2011〕115号）对农林剩余物资源综合利用产品增值税政策进行了调整完善，并增加了部分资源综合利用产品及劳务适用增值税优惠政策，其中，与垃圾处理有关的PPP项目运营有关的税收优惠是：对垃圾处理、污泥处理处置劳务免征增值税。

（4）销售自产的以煤矸石、煤泥、石煤、油母页岩为燃料生产的电力和热力实现的增值税实行即征即退50%的政策。《财政部 国家税务总局关于资源综合利用及其他产品增值税政策的通知》（财税〔2008〕156号）第四条规定，销售下列自产货物实现的增值税实行即征即退50%的政策：以煤矸石、煤泥、石煤、油母页岩为燃料生产的电力和热力。煤矸石、煤泥、石煤、油母页岩用量占发电燃料的比重不低于60%；利用风力生产的电力。

（5）销售以垃圾为燃料生产的电力或者热力实行增值税即征即退100%的政策。《财政部 国家税务总局关于资源综合利用及其他产品增值税政策的通知》（财税〔2008〕156号）第三条第二款规定，销售以垃圾为燃料生产的电力或者热力实行增值税即征即退的政策。垃圾用量占发电燃料的比重不低于80%，并且生产排放达到GB13223－2003第1时段标准或者GB18485－2001的有关规定。

（6）销售自产的电力或热力实行增值税即征即退100%的政策。《财政部 国家税务总局关于调整完善资源综合利用产品及劳务增值税政策的通知》（财税〔2011〕115 号）的规定，对销售下列自产货物实行增值税即征即退 100% 的政策：利用工业生产过程中产生的余热、余压生产的电力或热力；以餐厨垃圾、畜禽粪便、稻壳、花生壳、玉米芯、油茶壳、棉籽壳、三剩物、次小薪材、含油污水、有机废水、污水处理后产生的污泥、油田采油过程中产生的油污泥（浮渣），包括利用上述资源发酵产生的沼气为原料生产的电力、热力、燃料。

问题 6　目前有哪些促进政社合作的企业所得税优惠政策？

在与 PPP 相关的企业所得税优惠政策里，主要涉及公共基础设施项目、投资抵免及股利分配三项。

1. 公共基础设施项目

根据《中华人民共和国企业所得税法》（中华人民共和国主席令第 63 号）第二十七条第二款、第三款、《中华人民共和国企业所得税法实施条例》（中华人民共和国国务院令第 512 号）第八十七条、《财政部 国家税务总局关于执行公共基础设施项目企业所得税优惠目录有关问题的通知》（财税〔2008〕46 号）和《国家税务总局关于实施国家重点扶持的公共基础设施项目企业所得税优惠问题的通知》（国税发〔2009〕80 号）的规定，投资企业从事《公共基础设施项目企业所得税优惠目录》规定的港口码头、机场、铁路、公路、城市公共交通、电力、水利等项目，可以享受相关税收优惠政策。从事公共污水处理、公共垃圾处理、沼气综合开发利用、节能减排技术改造、海水淡化等符合条件的环境保护、节能节水项目的所得，自项目取得第一笔生产经营收入所属纳税年度起，第一年至第三年免征企业所得税，第四年至第六年减半征收企业所得税。新办国家重点扶持的公共基础设施项目和从事符合条件的环境保护、节能节水项目，自取得第一笔生产经营收入所属的纳税年度起享受税收优惠。

另外，《财政部 国家税务总局关于公共基础设施项目享受企业所得税优惠政策问题的补充通知》（财税〔2014〕55号）第一条还规定：企业投资经营符合《公共基础设施项目企业所得税优惠目录》规定条件和标准的公共基础设施项目，采用一次核准、分批次（如码头、泊位、航站楼、跑道、路段、发电机组等）建设的，凡同时符合以下条件的，可按每一批次为单位计算所得，并享受企业所得税“三免三减半”优惠：（1）不同批次在空间上相互独立；（2）每一批次自身具备取得收入的功能；（3）以每一批次为单位进行会计核算，单独计算所得，并合理分摊期间费用。

2. 投资抵免

专用设备投资额的10%可以抵免当年应纳税额。根据《中华人民共和国企业所得税法》（中华人民共和国主席令第63号）第三十四条规定：企业购置用于环境保护、节能节水、安全生产等专用设备的投资额，可以按一定比例实行税额抵免。所谓税额抵免，是指企业购置并实际使用《环境保护专用设备企业所得税优惠目录》、《节能节水专用设备企业所得税优惠目录》和《安全生产专用设备企业所得税优惠目录》规定的环境保护、节能节水、安全生产等专用设备的，该专用设备的投资额的10%可以从企业当年的应纳税额中抵免；当年不足抵免的，可以在以后5个纳税年度结转抵免。其中专用设备投资额，根据《财政部 国家税务总局关于执行环境保护专用设备企业所得税优惠目录 节能节水专用设备企业所得税优惠目录和安全生产专用设备企业所得税优惠目录有关问题的通知》（财税〔2008〕48号）第二条规定，是指购买专用设备发票价税合计价格，但不包括按有关规定退还的增值税税款以及设备运输、安装和调试等费用。

3. 股利分配

根据《中华人民共和国企业所得税法》（中华人民共和国主席令第63号）的规定，经营期间项目公司股利分配享受以下企业所得税优惠政策：

（1）经营期间涉及股利分配，如果项目公司是境内居民企业间分配股利，免征企业所得税；境内居民企业分配股利给自然人股东，需代扣代缴20%个人所得税。

（2）如果项目公司有境外股东，跨境分配股息给境外非居民企业，一般适用10%的预提所得税，如果境外非居民企业与中国间有签订双边税收协定，在符合一定条件下能够适用税收协定安排下的优惠预提所得税税率。

问题7 目前有哪些促进政社合作的房产税和土地使用税优惠政策？

1. 对国家机关、人民团体、军队、由国家财政部门拨付事业经费的单位自用的房产、土地免房产税、土地使用税

《中华人民共和国房产税暂行条例》第五条规定：国家机关、人民团体、军队自用的房产、由国家财政部门拨付事业经费的单位自用的房产免纳房产税，《中华人民共和国城镇土地使用税暂行条例》第六条规定，国家机关、人民团体、军队自用的土地、由国家财政部门拨付事业经费的单位自用的土地免缴土地使用税。

2. 对部分公共服务事业实施房产税、土地使用税等优惠政策

目前，对体育场馆、教育、老年服务机构、医疗卫生机构、农村饮水安全工程建设运营等有房产税、土地使用税等优惠政策。《财政部 国家税务总局关于支持农村饮水安全工程建设运营税收政策的通知》（财税〔2012〕30号）规定对饮水工程运营管理单位自用的生产、办公用房产、土地，免征房产税、城镇土地使用税。《财政部 国家税务总局关于教育税收政策的通知》（财税〔2004〕39号）规定，对国家拨付事业经费和企业办的各类学校、托儿所、幼儿园自用的房产、土地，免征房产税、城镇土地使用税。《财政部 国家税务总局关于对老年服务机构有关税收政策问题的通知》（财税〔2000〕97号）规定，对政府部门和企事业单位、社会团体以及个人等社会力量投资兴办的福利性、非营利性的老年服务机构，暂免征收企业所得税，以及老年服务机构自用房

产、土地、车船的房产税、城镇土地使用税、车船使用税。《财政部 国家税务总局关于医疗卫生机构有关税收政策的通知》（财税〔2000〕42号）规定，对非营利性医疗机构自用的房产、土地、车船，免征房产税、城镇土地使用税和车船使用税。对营利性医疗机构自用的房产、土地、车船免征房产税、城镇土地使用税和车船使用税。3年免税期满后恢复征税。对疾病控制机构和妇幼保健机构等卫生机构自用的房产、土地、车船，免征房产税、城镇土地使用税和车船使用税。

问题8　目前有哪些促进政社合作的契税和土地增值税优惠政策?

《中华人民共和国契税暂行条例》第六条规定，国家机关、事业单位、社会团体、军事单位承受土地、房屋用于办公、教学、医疗、科研和军事设施的，免征契税；《财政部 国家税务总局关于社会力量办学契税政策问题的通知》（财税〔2001〕156号）规定，对县级以上人民政府教育行政主管部门或劳动行政主管部门批准并核发《社会力量办学许可证》，由企业事业组织、社会团体及其他社会组织和公民个人利用非国家财政性教育经费面向社会举办的教育机构，其承受的土地、房屋权属用于教学的，比照《中华人民共和国契税暂行条例》第六条第（一）款的规定，免征契税。《关于进一步支持企业事业单位改制重组有关契税政策的通知》（财税〔2015〕37号）规定，对承受县级以上人民政府或国有资产管理部门按规定进行行政性调整、划转国有土地、房屋权属的单位，免征契税。同一投资主体内部所属企业之间土地、房屋权属的划转，包括母公司与其全资子公司之间，同一公司所属全资子公司之间，同一自然人与其设立的个人独资企业、一人有限公司之间土地、房屋权属的划转，免征契税。划拨用地出让或作价出资以出让方式或国家作价出资（入股）方式承受原改制重组企业、事业单位划拨用地的，不属上述规定的免税范围，对承受方应按规定征收契税。《财政部 国家税务总局关于支持农村饮水安全工程建设运营税收政策的通知》（财税〔2012〕30 号）规定，对饮水工程运营管理单位为建设饮水工程而承受土地使用权，免征契税。

《中华人民共和国土地增值税暂行条例》第八条规定，有下列情形之一的，免征土地增值税：纳税人建造普通标准住宅出售，增值额未超过扣除项目金额 20% 的；因国家建设需要依法征用、收回的房地产。《财政部 国家税务总局关于企业改制重组有关土地增值税政策的通知》（财税〔2015〕5 号）规定，单位、个人在改制重组时以国有土地、房屋进行投资，对其将国有土地、房屋权属转移、变更到被投资的企业，暂不征土地增值税。

问题 9　目前促进政社合作相关的税收优惠政策有哪些不足？

1. 土地使用税、房产税、契税等税收优惠政策主要针对政府及事业单位，难以适应运用 PPP 方式提供公共服务发展的需要

总的来说，现行的与 PPP 相关的税收优惠政策与政府主导公共服务提供的模式相适应。比如：国家机关、人民团体、军队、由国家财政部门拨付事业经费的单位自用的房产、土地免交房产税、土地使用税，而政府和社会资本合作项目、社会资本提供的公共服务项目时，可能难以享受对国家机关、人民团体、国家财政部门拨付事业经费的单位免征房产税、土地使用税这一税收优惠政策。

2. 对公共服务的税收优惠范围较窄

目前，对体育场馆、教育、老年服务机构、医疗卫生机构、农村饮水安全工程建设运营等有房产税、土地使用税等优惠政策。企业所得税对公共基础设施、环境保护、节能节水项目有相关优惠政策。企业所得税法第七条规定“对收入总额中的财政拨款为不征税收入”，第二十七条规定“从事国家重点扶持的公共基础设施项目投资经营的所得、从事符合条件的环境保护、节能节水项目的所得”，可以免征、减征企业所得税”，企业所得税法实施条例第八十七条明确企业所得税法第二十七条第

（二）项所称国家重点扶持的公共基础设施项目，是指《公共基础设施项目企业所得税优惠目录》规定的港口码头、机场、铁路、公路、城市公共交通、电力、水利等项目，第八十八条明确企业所得税法第二十七条第（三）项所称符合条件的环境保护、节能节水项目，包括公共污水处理、公共垃圾处理、沼气综合开发利用、节能减排技术改造、海水淡化等。

总的来看，目前，房产税、土地使用税、企业所得税的优惠政策覆盖范围，难以涵盖 PPP 实施范围。我国 PPP 实施范围不仅包括公共基础设施、环境保护等，还包括教育、医疗卫生、文化、养老、科技、体育、供水、供暖、保障房项目等领域。

3. 对公共服务等企业所得税的优惠期限较短，难以适应 PPP 项目期限长需要

PPP 合作具有时间长的特点，许多项目合同期限不低于 10 年，一般在 20 ~ 30 年。财政部《关于进一步做好政府和社会资本合作项目示范工作的通知》（财金〔2015〕57 号）规定，政府和社会资本合作期限原则上不低于 10 年。另外，PPP 项目具有公共性，社会资本从事 PPP 项目，获得的收益是“有赢利而不是获得暴利”。《企业所得税法实施条例》第八十七条规定，企业从事国家重点扶持的公共基础设施项目的投资经营的所得，自项目取得第一笔生产经营收入所属纳税年度起，第一年至第三年免征企业所得税，第四年至第六年减半征收企业所得税。《企业所得税法实施条例》第八十八条规定，企业从事规定的符合条件的环境保护、节能节水项目的所得，自项目取得第一笔生产经营收入所属纳税年度起，第一年至第三年免征企业所得税，第四年至第六年减半征收企业所得税。由以上分析不难看出，企业所得税法对从事公共基础设施和环境保护、节能节水项目实施的“三免三减半”政策，难以适应 PPP 项目经营期限长、收益不高模式发展的需要。

4. 部分税收优惠政策需要进一步明确

对于社会资本开发商业性项目与公共配套设施组合时，在企业所得

税扣除以及土地增值税扣除上需要进一步明确。比如：根据国家税务总局关于印发《房地产开发经营业务企业所得税处理办法》的通知（国税发〔2009〕31号）第十七条规定“企业在开发区内建造的会所、物业管理场所、电站、热力站、水厂、文体场馆、幼儿园等配套设施，按以下规定进行处理：属于非营利性且产权属于全体业主的，或无偿赠与地方政府、公用事业单位的，可将其视为公共配套设施，其建造费用按公共配套设施费的有关规定进行处理。属于营利性的，或产权归企业所有的，或未明确产权归属的，或无偿赠与地方政府、公用事业单位以外其他单位的，应当单独核算其成本。除企业自用应按建造固定资产进行处理外，其他一律按建造开发产品进行处理”。根据国家税务总局《关于房地产开发企业土地增值税清算管理有关问题的通知》（国税发〔2006〕187号）规定，“房地产开发企业开发建造的与清算项目配套的居委会和派出所用房、会所、停车场（库）、物业管理场所、变电站、热力站、水厂、文体场馆、学校、幼儿园、托儿所、医院、邮电通讯等公共设施，按以下原则处理：建成后产权属于全体业主所有的，其成本、费用可以扣除；建成后无偿移交给政府、公用事业单位用于非营利性社会公共事业的，其成本、费用可以扣除；建成后有偿转让的，应计算收入，并准予扣除成本、费用”。实际操作中，对于具体以何种方式确定营利性和非营利性，以及因政府有关部门的原因无法移交的公共配套设施的成本如何扣除等问题，需要进一步明确。

目前，对非营利性医疗机构自用的房产、土地、车船，免征房产税、城镇土地使用税和车船使用税。对营利性医疗机构自用的房产、土地、车船，免征房产税、城镇土地使用税和车船使用税，3年免税期满后恢复征税。这使社会资本在进入医疗卫生领域时需要明确非营利性与营利性。营改增后，BOT项目以投融资人名义建设或者项目业主名义两种不同形式，建成后交付环节取得的收入如何缴纳增值税以及支付的各项成本能否作为进项税额扣除等问题在操作层面需要明确。

问题 10　目前政社合作项目中主要存在哪些重复征税问题?

按照目前政策，PPP 项目主要面临的重复征税问题如下：

1. 基金层面

（1）基金以股权形式投入到项目公司，未来取得的红利所得分配给最终投资人金融机构，由于无法取得分割单，金融机构目前会对此部分收益继续汇总计算缴纳企业所得税，导致企业所得税的重复缴纳。

（2）基金以债权形式投入到项目公司，定期取得一笔固定的利息收入，同期基金扣除普通合伙人管理费及税费后会支付给信托计划一笔固定的投资收益。基金就取得的此笔利息收入缴纳一次营业税（营改增后改征增值税），信托计划对取得的此笔投资收益也缴纳一次营业税（营改增后改征增值税），导致同一笔利息收入缴纳了两次营业税（营改增后改征增值税）。

2. 项目公司层面

（1）目前大部分增量 PPP 项目都是 BOT 模式运作，依据《企业会计准则解释第 2 号》第五点的规定，项目公司在运营期确认收入的同时将项目确认为金融资产。也即，根据现行法律和会计准则，PPP 项目公司实施建造行为形成的资产不被确认为该企业的固定资产，而是由项目业主或政府实施机构确认为固定资产。《营业税改征增值税试点有关事项的规定》（国家税务总局〔2016〕15 号公告）第 1 项第 4 条第 1 点规定，适用一般计税方法的试点纳税人，2016 年 5 月 1 日后取得并在会计制度上按固定资产核算的不动产或者 2016 年 5 月 1 日后取得的不动产在建工程，其进项税额应自取得之日起分 2 年从销项税额中抵扣，第一年抵扣比例为 60%，第二年抵扣比例为 40%。因此，项目公司取得的固定资产由于会计上核算为金融资产，其取得的巨额进项税不允许从销项税中抵扣，存在重复征税。

（2）从征税环节看，BT 项目在建设期已经按“建筑业”缴纳一次增值税，项目期满移交时还要缴纳一次增值税，造成流转税的重复征收。不过，这个问题在营改增后，由于增值税避免重复征税的特性可以得到部分消除，项目建设期满，项目公司从工程公司取得增值税专用发票，在转让环节计缴增值税时可以抵扣进项税。

（3）资产转让过程中可能存在流转税的重复征收，尤其是存量资产的 PPP 项目，例如 TOT 模式运营的项目，存量资产进入到运营公司名下可能涉及缴纳增值税（货物、房、地等资产的转让），项目期满移交时资产再次转让，需要缴纳增值税。由于没有可供抵扣的增值税发票，存量资产转让面临征两次税。不过，这一重复征税问题实践中可以通过股权转让的方式进行规避。存量资产通常先评估净资产价格，再作价入股到运营公司，规避了流转税，项目运营期内或者项目结束后以转让项目公司股权的方式退出，即无偿移交股权，也不需缴纳流转税。

三、政社合作方式选择中的税收

问题 11　政社合作项目公司性质对税收有什么影响？

PPP 项目实践中，政府资本和社会资本共同成立有限责任公司或有限合伙企业，通常以有限责任公司为主，出资方基金出于避税的目的成立合伙企业居多。不同的组织形式，对政府和社会资本方有不同的税务影响。

如果是有限责任公司，按企业所得税法的规定，政府和社会资本分别按分红比例获取股息红利，社会资本方缴纳企业所得税，但社会资本方如果是境内居民企业，符合股息红利等权益性投资收益免税条件，则可享受免税。按照公司法的规定，分红比例与持股比例不一定完全一致。

如果项目公司为有限合伙企业，投资方应按个人所得税中“先分后税”的原则划分收益，就其取得的收益，再根据合伙人的类型，境内法人缴纳企业所得税，境外法人合伙人适用 10% 的预提所得税，这里要注意该境外法人合伙人是否在境内设立常设机构，以及是否存在双边税收协定。在有限合伙企业的架构中，社会资本有时会以基金的方式参与。在此架构下，基金层面没有纳税义务，收入直接流向有限合伙人LP（Limited Partner，LP），有限合伙人LP就取得的收入缴税，避免了基金层面的税务成本，境内普通合伙人GP（General Partner，GP）如果有足够的和当地政府谈判的能力，有可能取得税收优惠。

问题12 政社合作架构选择对税收有什么影响？

PPP模式下，投资方可以根据税法规定选择项目公司在集团中的架构模式，以实现集团整体税负最低。对于实务中涉及的子公司与分公司的选择问题，分析如图8－1、表8－1所示：

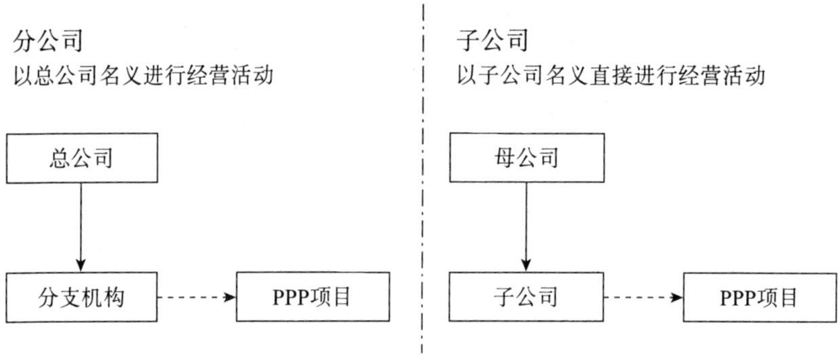

图8－1 子公司与分公司的选择问题

表8－1 子公司与分公司的选择问题

税务层面	总分公司	母子公司
优势	总分公司盈亏可以在税法规定的范围内互相弥补	1. 母子公司实行独立核算，自行申报 2. 符合条件的项目子公司可以独立申请享受全国及区域性的税收优惠政策 3. 可以通过合理安排关联交易将部分利润转移至低税负地区的企业，有效降低集团整体税负 4. 提高再投资的灵活性

续表

税务层面	总分公司	母子公司
缺陷	1. 由于母公司从事的业务活动不单一，会对申请享受项目适用的税收优惠政策产生影响 2. 无法通过有效的关联交易安排，合理转移税前利润，集团整体税负较高	母子公司盈亏不能互相弥补
总结	一般情况下，PPP 项目会设立独立的项目子公司	

问题 13　融资环节选择利息还是股息对税负有什么影响？

作为建设运营主体的项目公司，其资金来源主要有三个来源，政府部门及项目使用者等的注资、建设公司的注资以及第三方贷款。融资过程中，主要涉及利息和股息的营改增政策。

1. 有关利息和股息的现行规定

根据《财政部 国家税务总局关于全面推开营业税改征增值税试点的通知》（财税〔2016〕36 号）的规定，纳税人接受的贷款服务不得抵扣，同时存款利息和股息都不属于目前增值税征税范围。

2. 股本投入大小直接影响股东的增值税税负

对于项目公司来说，在其需要使用的投入资金一定的前提下，由于接受的贷款服务不能抵扣，其资金来源越多来源于贷款，需要承担的不能抵扣的进项税额也就越大，税负越重。而由于股息不属于增值税征税范围，股东取得股息不征增值税，同时考虑到项目公司在建设及运营初期难以盈利，不涉及企业所得税问题，初期以股本的形式向项目公司增加投入，无疑能够相应减轻增值税税负。

问题 14　建设环节选择一般计税和简易计税方式对税负有什么影响？

建设公司作为项目的具体承建方，有条件根据实际情况选择最有利的计税方式。

建筑公司作为承建方，提供建筑劳务。在全面推开营改增试点中，建筑行业是最被重视、减税政策最为完善的一个行业。根据现行增值税政策，采用一般计税方法的情况下，建筑行业是存在明显“高抵低征”的情况，其购进的材料和设备，租入的机械，一般适用 17% 的税率，而销售时建筑行业适用 11% 的税率，如果其材料和机械占成本的 60% 左右，其税负接近于零（100 × 11% － 60 × 17%）。而按照目前建筑行业成本构成的一般情况分析，大型建筑工程的直接材料费用和机械设备费用占工程造价的比例普遍在 60% 以上。如果建筑工程不能有效获取进项发票，一般纳税人提供的建设工程老项目、清包工以及甲供材料工程都可以选择简易征收项目。

根据上述分析，建筑公司可以选择的操作模式有两种：

一是一般计税方法。主要材料和设备由建筑公司购买或租赁，其进项税额由建筑公司抵扣。这种操作模式下，如果主要材料和设备占比在工程项目的 60% 以上，可以降低建筑公司的税负，同时可以保证其下一环节，即项目公司有充足的进项税额可以抵扣。

二是简易计税方法。如果主要材料和设备占工程总价的比例较低，可以考虑选择由项目公司购买和提供部门材料，建筑公司选择简易计税方式。如果选择简易计税，则建筑公司自行购进的材料部门进项税就不能抵扣。在简易计税方法下，应尽可能多地由项目公司购买材料和设备，尽量采用清包工模式，由项目公司抵扣将来运营过程中的销项税额。

四、政社合作税收政策的完善

问题 15　如何完善政社合作税收政策？

一是加快探索建立与 PPP 发展需要相适应的税收优惠政策体系。今后，PPP 是公共服务提供的新常态，建议对现行与 PPP 发展相关的税收优惠政策进行系统梳理，分析不适应 PPP 发展需要的税收政策，提出促进 PPP 发展的税收政策。在建立和完善税收优惠政策时，需要以政府和社会资本合作提供公共服务为常态作为出发点，而不是以政府、事业单位作为提供主体实施优惠政策。

二是尽快完善现行的与 PPP 模式发展相适应的税收优惠政策。建议将对土地使用税、房产税等针对政府主体实施的税收优惠政策，转变为针对公共服务实施的税收优惠政策。将企业所得税关于公共基础设施和环保相关税收优惠政策范围扩大到公共服务，且将优惠期限延长至 PPP 项目移交结束环节。与此同时，在对 PPP 项目给予土地使用税、房产税、企业所得税等税收优惠政策时，要列举享受税收优惠政策的公共服务清单。加快研究出台解决 PPP 项目中存在重复征税问题的方案。

问题 16　如何解决政社合作项目中的重复征税问题？

1. 基金层面的重复征税问题

基金层面的重复征税问题完全是因为社会资本构建组织架构（虽然是一种常见形式）时的自由选择而导致的，与 PPP 项目属性无关，政策上无须考虑。

2. BOT 模式中的重复征税问题

项目公司从工程公司取得的不动产，由于实务中会计上普遍列为金融资产而非固定资产，按税法规定，不能抵扣。这些不动产通常金额巨大，对项目公司而言十分不公平。考虑到项目期满，项目公司取得的回购款还要缴纳一次流转税，如果不能抵扣，可以仅以金融资产确认的收入部分为基数计算缴纳增值税。

3. BT 模式中的重复征税问题

BT 模式中的重复征税问题属于制度上的重复征税。税收征收的目的原本就是为公共服务筹资，从公共性以及公共服务公共消费的特征看，项目期满转让时不应征税。况且，这些需要支付的税费成本最终都需要政府支付，如果征税会降低政府项目谈判时的筹码。那么，是否给予免税就可以解决问题了呢？这要视具体情况而定。例如，地铁 PPP 项目通常的合作模式是项目公司一并取得地面上的土地使用权以开发房地产，这种项目的预期盈利空间大，附带着很强的市场化特征，况且，根据国家税务总局〔2016〕18 号文，房地产开发企业（一般纳税人）销售自行开发的房地产按取得的全部价款和价外费用，扣除当期销售房地产项目对应的土地价款后的余额计算增值税销售额。因此，这种项目投入时土地使用权属发生变化时的税费如果给予减免就很不合理。制定税收优惠政策时，需要区分竞争性项目还是非竞争性项目。

新增项目营改增后，项目公司依法取得发票抵扣增值税，而在营业税法下并不能抵扣，对项目公司而言已经是减税。所以，还需要结合项目期满移交时的增值税征收设计（3% 简易征收/按 6% 的税率征收/按 11% 的税率征收），测算具体的税负状况，再设计一揽子优惠政策。

4. 存量资产的重复征税问题

根据《财政部　国家税务总局关于股权转让有关营业税的通知》（财税〔2002〕191 号）的规定，以无形资产、不动产投资入股，参与接受投资方利润分配，共担投资风险的行为，不征收营业税；不共担风险收取固定利润的行为，按照“租赁业”征收营业税。营改增后，公益类项目存量资产如果采取投资入股的方式，由于已完工的工程无法取得增值税专用发票无法抵扣进项税，可以考虑三种税收优惠方式：（1）直接减免；（2）比照国家税务总局〔2016〕15 号文视同固定资产，分两年抵扣；（3）允许存量项目按政府已经认定的总投资额（例如采用竣工决算审计报告或会计账面投资总额），在摊销或折旧年限内，按当期摊销或折旧额和相应增值税率计算增值税进项抵扣金额。第三种方法是一种过渡办法。至于项目期满转交时非竞争性项目可直接减免，竞争性项目可简易征收增值税。

问题 17 如何完善政社合作项目资产移交阶段的相关税收政策？

在 PPP 项目执行到期时，发生的资产移交特别是不动产移交行为会产生较大的税收负担，会涉及增值税、企业所得税、土地增值税、印花税以及相关附加税。在增值税方面，由于政社合作项目形式多样，可能有部分项目出现资金流、发票流以及货物劳务流出现“三流不一致”的情况，如社会资本代建项目，就可能造成项目移交时基层税务机关从严执行要求“三流一致”而出现不予扣除情况。另外，可以有针对性地出台 PPP 项目资产移交项目的增值税减免税政策，降低企业负担。在企业所得税方面，可以考虑对因移交产生的应纳税所得额采取递延纳税的优惠政策，或者将亏损弥补年限延长以适应 PPP 项目运营年限通常较长的特点。在土地增值税方面，由于土地增值税采用的是超额累进税率，如果转让十几年前建成的不动产项目，交付阶段产生的土地增值税税负将会非常巨大，因此建议出台相关优惠政策减免交付阶段的土地增值税。

第九章
政府和社会资本合作评估

目前，我国政府和社会资本合作评估主要侧重物有所值和财政承受能力论证。事实上，政府和社会资本合作评估应包括宏观、中观、微观层面评估。评估内容不仅包括经济、社会方面，还包括风险评估等。

一、政社合作评估的内容、主体与方法

问题1　政社合作项目评估包括哪些内容？

PPP项目评估应该包括以下三个层次内容：

一是宏观层面的评估。对PPP项目宏观层面的评估主要评估PPP项目对投资和经济增长的拉动、公共服务供给改善、结构性改革、公共风险等方面的影响。

二是中观层面的评估。对PPP项目中观层面的评估主要评估PPP项目对区域发展等方面的影响。比如：PPP项目改善了区域基础设施的布局，有助于区域平衡发展。

三是对微观层面的评估。对PPP项目微观层面的评估主要评估PPP项目所产生的经济效益、对居民满意度、财政资金节约、公共服务供给质量改善、化解和防范财政风险等方面的影响。

需要指出的是，对PPP项目宏观、中观、微观层面的影响的评估，

既要考虑 PPP 项目的当前影响，又需要考虑对未来的影响。

问题 2　为什么需要政府自身、受益对象和第三方同时对政社合作项目进行评估？

对 PPP 项目评估，可以分别由政府自身、第三方、公共服务受益对象开展评估。政府对 PPP 项目开展绩效评估，就 PPP 项目的宏观、中观、微观绩效开展全面评估，重点围绕公共服务效率提升与财政支出承受能力、PPP 项目所需要的财政支出总额、对经济发展效果等开展评估。PPP 项目绩效的第三方评估，重点就 PPP 项目的宏观、中观、微观绩效开展全面评估，以独立的第三方开展全面、客观、公正的评估。公共服务受益对象对 PPP 项目评估，主要就 PPP 项目的服务效率、可获得感等方面进行评估。

为什么需要不同主体同时评价？通过政府自身评估、第三方评估、公共服务受益对象评估，可以全面、客观反映 PPP 项目绩效。居民是公共服务的受益对象，居民对公共服务评价是衡量 PPP 项目绩效的重要依据，可以充分听取 PPP 项目直接受益对象的意见和建议。政府从宏观、中观、微观不同层面评估 PPP 项目的绩效，可以相对全面评估 PPP 项目绩效。由于政府、公共服务受益对象都是 PPP 项目直接利益相关方，有时难以全面客观反映。为全面、客观、公正评估 PPP 项目绩效，可以委托与 PPP 项目无关利益的第三方进行评估。对 PPP 项目开展第三方评估时，可以综合政府自身评估、公共服务受益对象评估的结果，形成综合判断。

问题 3　对政社合作项目评估主要有哪些方法？

问卷调查法。政府和社会资本合作提供公共服务，其受益对象是公众。PPP 项目是否提高居民满意度，需要对他们进行调查。由于 PPP 项目受益对象众多，难以就每个受益对象一一进行调查。在实践中，可以根据受益对象情况，选择有代表性的样本，进行问卷调查。根据受益对象填写问卷进行结构分析、聚类分析。

深入访谈法。可以对 PPP 项目受益对象，开展深度座谈，深入了解受益对象对 PPP 项目的满意情况以及 PPP 项目运行问题、提高 PPP 项目效率的建议。

对标分析法。PPP 项目是否提高公共服务的效率，需要对标政府提供公共服务的情景进行分析。尤其是对存量公共服务项目运用政府和社会资本合作提供时，更要对标政府提供公共服务的效率。

情景模拟法。需要模拟不同的情景，分析 PPP 项目对经济、社会、生态环境等领域带来的影响。

问题 4　如何对政社合作项目开展事前、事中事后评估？

为充分发挥 PPP 项目应有的效果，应在 PPP 项目全生命周期的每个阶段开展评估。PPP 项目实施前，应开展事前评估；PPP 项目实施过程中，应开展事中评估；PPP 项目完成后，应开展事后评估。无论是事前、事中还是事后评估，都需要从 PPP 项目的宏观、中观、微观层面开展，但事前、事中事后评估应有所侧重，评估的方法也有所差异。

PPP 项目事前评估，运用情景模拟法、对标分析法等方法分析 PPP 项目在宏观、中观、微观三个层面预计产生的绩效。PPP 项目事中、事后评估，主要运用问卷调查法、深度访谈法等方法分析 PPP 项目在宏观、中观、微观三个层面产生实际的绩效。

政府和社会资本合作提供公共服务，需要加强事前、事中评估。在 PPP 项目执行过程中，要每隔 1 ~ 2 年进行定期的评估，及时评估 PPP 项目的绩效、发现存在的问题与不足、风险，并采取有效的措施。

二、物有所值评估

问题5 什么是物有所值?

物有所值，系从英文名称 Value for Money（VFM）翻译而来，是指一个组织运用其可利用资源所能获得的长期最大利益。物有所值评价是国际上普遍采用的一种评价由政府提供的公共服务是否可运用政府和社会资本合作模式的评估体系，旨在实现公共资源配置利用效率最优化。

通俗来说，物有所值就意味着少花钱、多办事、办好事。因此，物有所值是一个比较的概念，值不值是通过事先预设的某个（些）主观或客观的标准进行衡量对比后得出的带有明确倾向性的结论，即要么达到同样的目的所需要的投入更少，要么同样的投入可以获得更多的产出（包括数量和质量）。在实际评价过程中，一般是假定未来产出是相同的，换算为比较不同模式下的政府支出成本的净现值大小。物有所值的主要表现形式见专栏9－1。

专栏9－1 物有所值的主要表现形式

物有所值主要有三种表现形式：一是在服务标准相同的情况下，项目全生命周期采购成本下降；二是在全生命周期成本相同的情况下，项目产出增加（如公共部门风险更小、服务质量更高等）；三是项目成本降低，产出增加。

物有所值评估应贯穿PPP项目全生命周期，在项目识别、执行、完成等阶段，都需要物有所值评估。

问题6 政社合作项目物有所值评价有何作用?

物有所值评价是判断政府和社会资本合作模式与政府主导提供模式

相比，在提供公共服务上是否可获得更高效率和更好效果的一种方法，其主要从直观上的性价比是否最高，从全生命周期来衡量的价格是否最优，综合经济、社会效益考虑的性价比是否最高三个层面进行评估。

目前，物有所值评价作为我国实施 PPP 项目的重要程序，至少应发挥两个方面作用：一是在 PPP 项目决策阶段使用物有所值评价可以强调竞争。让传统企业和社会资本同台竞争，获胜者获得项目权利，可以促使传统企业增强竞争意识，提高效率；二是在 PPP 项目完成后评估时进行物有所值评价，检验 PPP 项目是否成功。物有所值评价不仅是一个决策工具，也可以作为后评估工具，用于检验 PPP 项目实施效果。

因此，物有所值评价是政府部门选择传统模式还是 PPP 模式的决策支持技术，是研判一个项目“是否应采用 PPP 模式”以及“采用 PPP 模式时选择何种具体操作方案更为有效”的方法，有利于实现公共资源配置利用效率最优化，更好地实现基础设施建设运营的经济性、效率及效果。

问题 7　物有所值主要有哪些评价方法？

《关于印发政府和社会资本合作模式操作指南（试行）的通知》（财金〔2014〕113 号）明确提出要科学规范地对 PPP 项目进行物有所值评价。物有所值评价可以从定性和定量两方面开展。目前，以定性评价为主。

物有所值定性评价

物有所值定性评价指标包括全生命周期整合程度、风险识别与分配、绩效导向与鼓励创新、潜在竞争程度、政府机构能力、可融资性等六项基本评价指标，如图 9－1 所示。同时，项目本级财政部门（或 PPP 中心）会同行业主管部门，可根据具体情况设置补充评价指标。补充评价指标主要是六项基本评价指标未涵盖的其他影响因素，包括项目规模大小、预期使用寿命长短、主要固定资产种类、全生命周期成本测算准确性、运营收入增长潜力、行业示范性等。

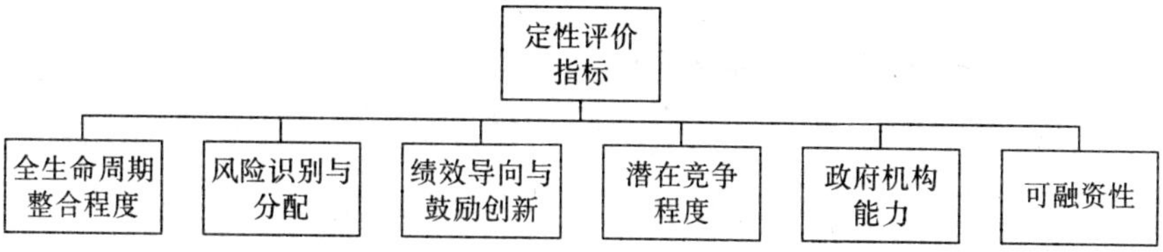

图 9-1 物有所值定性评价六项基本评价指标

全生命周期整合程度指标主要考核在项目全生命周期内，项目设计、投融资、建造、运营和维护等环节能否实现长期、充分整合。

风险识别与分配指标主要考核在项目全生命周期内，各风险因素是否得到充分识别并在政府和社会资本之间进行合理分配。

绩效导向与鼓励创新指标主要考核是否建立以公共服务供给数量、质量和效率为导向的绩效标准和监管机制，是否落实节能环保、支持本国产业等政府采购政策，能否鼓励社会资本创新。

潜在竞争程度指标主要考核项目内容对社会资本参与竞争的吸引力。

政府机构能力指标主要考核政府转变职能、优化服务、依法履约、行政监管和项目执行管理等能力。

可融资性指标主要考核项目的市场融资能力。

物有所值定量评价

定量评价是在假定采用 PPP 模式与政府主导提供方式产出绩效相同的前提下，通过对 PPP 项目全生命周期内政府方净成本的现值（PPP 值）与公共部门比较值（PSC 值）进行比较，判断 PPP 模式能否降低项目全生命周期成本。

PPP 值可等同于 PPP 项目全生命周期内股权投资、运营补贴、风险承担和配套投入等各项财政支出责任的现值。PSC 值是以下三项成本的全生命周期现值之和：参照项目的建设和运营维护净成本、竞争性中立调整值、项目全部风险成本。

问题 8　物有所值评估有哪些局限性？

虽然物有所值评价是评估公共服务是否采取政府和社会资本合作方式提供的对标标杆，但也不尽完美，存在以下不足：

一是物有所值方法有待完善。目前，物有所值评估主要采用定性评价方法，有一定的主观性。而在定量评价中，计算公共部门比较值面临一定的操作难度。

二是通过物有所值评估的公共服务项目，其效率仍存在提升的空间。物有所值评估是以政府提供公共服务作为参考。如果政府提供公共服务的效率不高，即便是通过物有所值评估，但 PPP 项目的效率仍存在提升的空间。

三、财政承受能力论证

问题 9　什么是财政承受能力论证？

根据财政部《政府和社会资本合作模式操作指南（试行）》（财金〔2014〕113 号）规定，财政承受能力论证是指识别、测算 PPP 项目的各项财政支出责任，科学评估 PPP 项目实施对当前及今后年度财政支出的影响，为 PPP 项目财政管理提供依据。

财政承受能力论证采用定量和定性分析方法，坚持合理预测、公开透明、从严把关，统筹处理好当期与长远关系，严格控制 PPP 项目财政支出规模。对于通过论证的 PPP 项目，地方财政部门应当在编制年度预算和中期财政规划时，将项目财政支出责任纳入预算统筹安排；对于未通过论证的项目，则不宜采用 PPP 模式。

问题 10 对政社合作项目开展财政承受能力论证有何作用？

对 PPP 项目开展财政承受能力论证有助于增强政府履约能力。根据财政部《政府和社会资本合作项目财政承受能力论证指引》（财金〔2015〕21 号）的规定，通过财政承受能力论证且经同级人民政府审核同意实施的 PPP 项目，各级财政部门应当将其列入 PPP 项目目录，并在编制中期财政规划时，将项目财政支出责任纳入预算统筹安排。通过财政承受能力论证的 PPP 项目，有助于政府履约。

对 PPP 项目开展财政承受能力论证，可以防止 PPP 项目过热。有多个 PPP 项目可供选择时，开展财政承受能力论证，可以倒逼地方政府有效利用财政资金，淘汰一些低效的 PPP 项目，优先发展较为紧迫、质量较高的 PPP 项目。这样，就可以防止 PPP 项目过热。

问题 11 PPP 项目中的财政支出责任包括哪些内容？

财政部《政府和社会资本合作项目财政承受能力论证指引》（财金〔2015〕21 号）指出，PPP 项目全生命周期过程的财政支出责任，主要包括股权投资、运营补贴、风险承担、配套投入等。

股权投资支出责任是指在政府与社会资本共同组建项目公司的情况下，政府承担的股权投资支出责任。如果社会资本单独组建项目公司，政府不承担股权投资支出责任。

运营补贴支出责任是指在项目运营期间，政府承担的直接付费责任。不同付费模式下，政府承担的运营补贴支出责任不同。政府付费模式下，政府承担全部运营补贴支出责任；可行性缺口补助模式下，政府承担部分运营补贴支出责任；使用者付费模式下，政府不承担运营补贴支出责任。

风险承担支出责任是指项目实施方案中政府承担风险带来的财政或有支出责任。通常由政府承担的法律风险、政策风险、最低需求风险以及因政府方原因导致项目合同终止等突发情况，会产生财政或有支出责任。

配套投入支出责任是指政府提供的项目配套工程等其他投入责任，通常包括土地征收和整理、建设部分项目配套措施、完成项目与现有相关基础设施和公用事业的对接、投资补助、贷款贴息等。配套投入支出应依据项目实施方案合理确定。

问题 12　如何规范开展 PPP 项目财政承受能力论证工作？

为保障政府切实履行合同义务，有效防范和控制财政风险，2015 年 4 月，财政部下发《政府和社会资本合作项目财政承受能力论证指引》（财金〔2015〕21 号），对各地开展 PPP 项目财政承受能力论证中涉及的责任识别、支出测算、能力评估、信息披露等工作进行了规范。

一是明确实施部门主体。财政部门（或 PPP 中心）会同行业主管部门，共同开展 PPP 项目财政承受能力论证工作。必要时可通过政府采购方式聘请专业中介机构协助。

二是责任识别全面精准。对 PPP 项目全生命周期过程中的财政支出责任进行全面精确识别，主要包括股权投资、运营补贴、风险承担、配套投入等。

三是分类做好支出测算。财政部门（或 PPP 中心）综合考虑各类支出责任的特点、情景和发生概率等因素，对项目全生命周期内财政支出责任分别进行测算。特别是要合理设定年度折现率、合理利润率，并充分考虑定价和调价机制（通常与消费物价指数、劳动力市场指数等因素挂钩）以及配套投入支出责任中的土地等实物投入或无形资产投入。

四是据实开展能力评估。全面考虑财政支出能力评估、行业和领域平衡性评估，高度关注地方政府自身政府性债务风险。

五是及时进行信息披露。加强财政承受能力信息披露，财政部门（或 PPP 中心）通过官方网站及报刊媒体，每年定期披露当地 PPP 项目目录、项目信息及财政支出责任情况。项目实施后，财政部门（或 PPP

中心）跟踪了解项目运营情况，包括项目使用量、成本费用、考核指标等信息，定期对外发布。

PPP 项目财政承受能力论证工作流程图如图 9－2 所示。

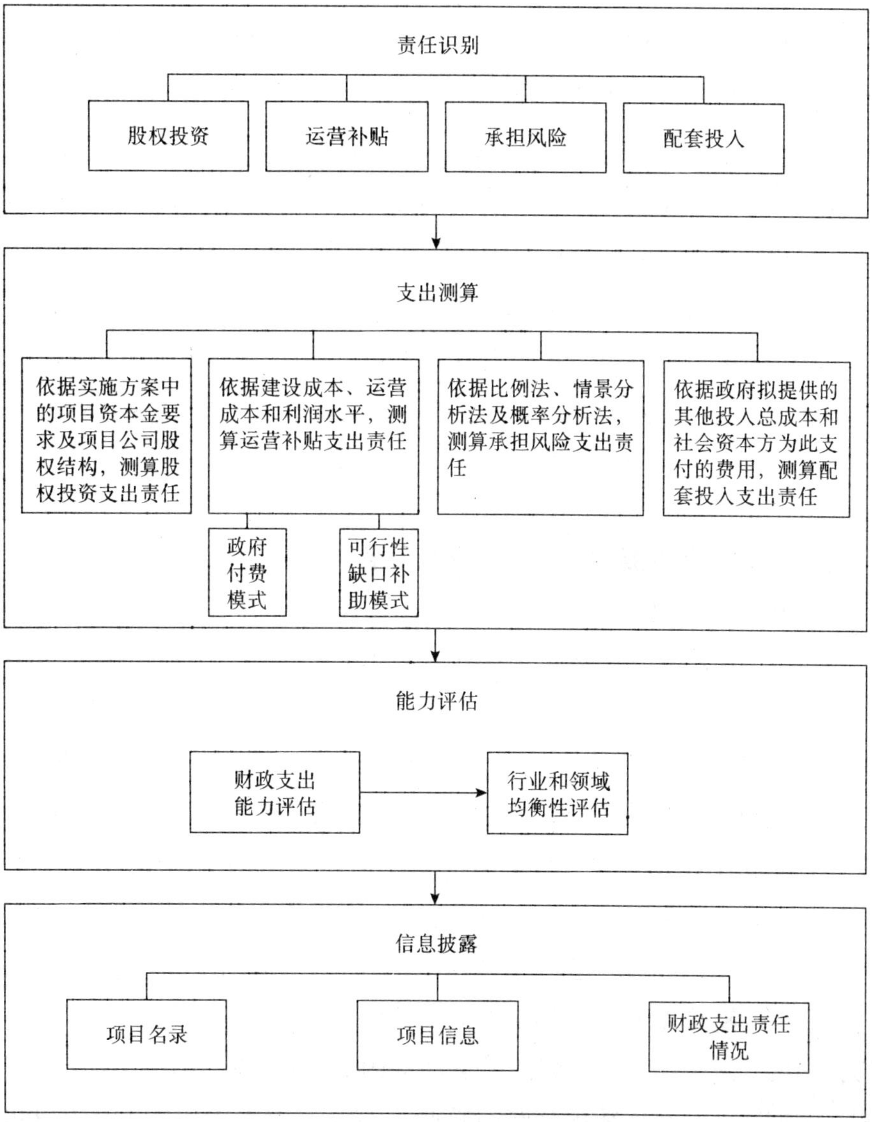

图 9－2 PPP 项目财政承受能力论证工作流程图

问题 13　如何理解和把握 PPP 项目财政承受能力论证中 10%的红线?

根据财政部《政府和社会资本合作项目财政承受能力论证指引》（财金〔2015〕21 号）的规定，地方政府要科学评估 PPP 项目实施对当前和今后年度财政支出规模的影响，将全部 PPP 项目的年度支出责任和年度财政支出预算总额进行对比，确保所有 PPP 项目的全生命周期内，每一年度全部 PPP 项目需要从预算中安排的支出责任，占一般公共预算支出比例应当不超过 10%，审慎控制新建 PPP 项目规模，防止因项目实施加剧财政收支矛盾。财政部同时规定，省级财政部门可根据本地实际情况，因地制宜确定具体比例。

设定 10% 的上限目的，就是为了规范地方政府那些不顾实际财力、盲目上 PPP 项目的行为。因为对于“政府付费”或者“可行性缺口补助”的项目，需要财政资金的投入，如果盲目上 PPP 项目，运作不好的，会给政府带来隐形债务。

问题 14　财政承受能力论证存在哪些不足?

对 PPP 项目开展财政承受能力评估，虽然有助于增强政府履约能力，但也存在不足，比如：一些地方财政规模不大，按照“每一年度全部 PPP 项目需要从预算中安排的支出责任，占一般公共预算支出比例应当不超过 10%”这一规定，一个地方可能只能落地一至两个 PPP 项目，不利于政府和社会资本合作提供公共服务的全面推进。另外，一个地方的财政收入形势也不断变化，尤其是对未来 10 年的财政收入难以预测。有些地方目前一两个主导产业在国内具有竞争力，其财政收入形势较好。未来随着产业结构变化，有竞争力的产业可能成为夕阳产业，未来的财政收入可能面临较大的压力；而有些地方现在财政实力一般，如果一两个产业迅速崛起，今后的财政收入形势也可能比较好。因此，依据目前的经济结构预测财政收入形势、财政支出状况评估 PPP 项目的财政承受能力，存在一定的不确定性。

四、政社合作项目风险评估

问题 15 什么是政社合作项目风险评估？

PPP 项目风险评估是指不仅对 PPP 项目化解、防范经济风险、社会风险、财政风险、自然风险等公共风险情况进行评估，还对 PPP 项目产生的经济风险、社会风险、财政风险、自然风险等公共风险情况进行评估。

问题 16 为什么要对政社合作项目开展风险评估？

一是提供公共服务是为了化解和防范公共风险，对 PPP 项目开展风险评估也是 PPP 项目评估的重要内容。公共风险是指产生社会性影响的风险，具有很强的外部性。为了化解和防范公共风险，需要提供公共服务。因此可以这么认为，公共服务是由公共风险决定的，提供公共服务是为了化解和防范公共风险。对 PPP 项目开展评估必然要评估 PPP 项目化解、防范风险情况。

二是 PPP 项目可能产生新的风险，需要评估产生新的风险情况。如果 PPP 项目运作不成功，可能会产生新的风险，有可能会带来潜在的政府债务，因此，需要评估 PPP 项目产生新的风险情况。

问题 17 政社合作项目风险评估应包括哪些内容？

具体而言，评估 PPP 项目风险应包括以下内容：

一是评估化解、防范与产生经济风险的情况。主要评估对经济增长、经济结构改善等方面影响。

二是评估化解、防范与产生社会风险的情况。主要评估对收入分配、就业、社会稳定、教育、医疗卫生、文化等方面的影响。

三是评估化解、防范与产生生态环境风险的情况。主要评估对生态环境、资源保护、提高资源和能源利用效率等方面的影响。

四是评估化解、防范与产生财政风险的情况。主要评估对当前与未来财政支出、或有负债、潜在负债以及财政可持续发展等方面的影响。

第十章 政府和社会资本合作中的监管

政府和社会资本合作提供公共服务，政府工作重点在于规划 PPP 项目、组织实施 PPP 项目、制订相关政策和对 PPP 项目进行监管。由于现有对公共服务的监管体系是与政府主导提供公共服务模式相适应的，大力推进政府和社会资本合作提供公共服务需要加快建立与之相适应的监管体系。

一、政社合作监管的内容与主体

问题 1　政社合作监管主要包括哪些内容？

政社合作监管内容主要包括：

一是对项目认识、准备、采购、执行、移交等全生命周期相关程序的规范性、合规性、合法性监管；

二是对 PPP 项目的绩效进行监管，包括对项目运用的财政资金监管；对项目是否实现物有所值、财政承受能力、风险状况、公共服务的受益者、使用者满意状况、政府和社会资本合作提供的公共服务质量等进行监管。

三是对政府、社会资本等参与主体的行为进行监管，包括对 PPP 项目合同履约情况、公共服务收费价格监管；等等。

问题 2　政社合作监管主要包括哪些主体？

PPP 监管主体包括相关政府职能部门、社会公众、受委托的第三方。相关政府职能部门包括公共服务涉及的政府主管职能部门（财政、发改、市政、住建、教育、医疗卫生、环保、交通等）、审计、安全生产管理部门等。社会公众不仅是公共服务的受益者，也是政府和社会资本合作项目的重要监管者。相关政府职能部门可以委托第三方对 PPP 项目进行监管，比如：政府审计部门可以委托会计师事务所对政府和社会资本合作项目的财务状况进行审计。

问题 3　政社合作监管主要包括哪几个层次？

PPP 监管主要包括以下两个层次：

一是宏观层面监管。主要包括营造有助于 PPP 发展所需要的宏观环境、系统性风险的防范与化解。

二是功能性监管。为充分发挥 PPP 应有的作用而实施的相关监管，包括相关政府职能部门对 PPP 发展进行的各类监管，包括绩效监管、财务状况、公共服务质量、收费、安全生产等等。比如：财政部门对 PPP 项目的物有所值、能否通过财政承受能力论证等进行监管。

三是对微观主体的行为监管。对地方政府、社会资本、项目公司等主体的行为进行监管，包括履约行为，等等。

需要说明的是，PPP 监管三个层次互为支撑。对微观主体的行为监管侧重于防范相关主体的行为风险，是充分发挥 PPP 应有作用的基础；功能性监管侧重于为充分实现 PPP 应有的作用而实施的监管，有助于调整政府、社会资本等参与主体的行为；宏观层面的监管侧重营造有助于 PPP 发展环境，有助于功能性监管和对微观主体行为监管。

二、发达国家政社合作监管体系

问题 4　发达国家的政社合作监管体制现状如何？

在发达国家，对政社合作主要有双重监管模式：独立监管机构监控与合同监控。有的国家没有专门的 PPP 项目监管机构，更多是靠政府和社会资本方签署的具有约束力的一系列合同来进行项目监管。英国、美国和新加坡代表了三种不同的 PPP 监管体制（如表 10 - 1 所示）。

表 10 - 1　发达国家的三种典型监管体制（英国、美国、新加坡）

国别	体制类型	主要结构
英国	综合性部门下的相对独立的纵向一体化监管模式	监管机构（如水务：环境部下的水务办公室、饮用水监督委员会、环境监管局）+横向监管机构（如垄断与兼并委员会、公平交易办公室）+行业消费者协会
美国	纵向一体化和横向一体化独立监管机构相互分权模式	联邦法律（+环境署及其 10 大区派出机构）+州政府公用事业管理局（对私人企业经济监管）+纳税人组织和消费者援助组织
新加坡	行业纵向一体化为主的监管和管理混合模式	政府主管部门下的法定机构+法定机构之间的合作协调（法定机构兼具产业促进、管理国有企业和产业监管的职能）+负责社会性监管的行政机构（如环保机构）

1. 英国：综合行政部门下相对独立的纵向一体化监管体制

1979 年，英国保守党撒切尔夫人的政权为了公共支出的减小开始探索 PFI（Private Finance Initiative，私营主导融资）制度，并率先推动吸引私营资本的一系列措施，成为世界上研究和应用 PPP 的典范。

英国城市公用事业的民营化改革以政府管制立法为先导，这使得民营化改革具有法律依据和实施程序。英国政府在电信、煤气、自来水、电力产业颁布了一系列法规，每项法规都建立了一个法定的政府管制机构。

对 PPP 项目，英国主要通过成立专业机构，实施三级管理。一是成立专业机构进行规范管理。1992 年英国政府推动民间投资提案制度，1997 年设立专门机构组织和协调相关事宜，2000 年设立英国合作伙伴关系组织（Partnerships UK，简称 PUK）专门从事公共部门 PPP 项目，2011 年英国财政部组建基础设施局全面负责 PPP 工作。二是三级管理机构共同负责 PPP 运作。英国财政部负责制定政策及批准纲领；英国合作伙伴关系组织向公共部门提供私营机构专门知识及资源，并协助公共部门落实重要的 PPP 项目；公私营机构合作署（由地方政府拨款成立的机构）向由地方政府协会委任的董事局问责，并为发展公私营机构合作地方机关提供支持。

2. 美国：纵向一体化和横向一体化独立监管机构相互分权的体制

美国对公共事业的传统治理方式为私有企业经营，政府进行管制。这种方式遏制了其他竞争者的进入，影响了公共服务的质量和效率。20 世纪 80 年代以后，美国开始放松管制，重点是采取结构重组等措施以推动竞争机制的建立，尤其是在电力、天然气等公用事业领域放松了对价格、市场准入和许可经营方面的限制。

美国通过引入市场竞争机制，提高了公共事业的运营效率，具体体现在以下三个方面：第一，从政府监管机构角度来看，都设置了由立法机关（国会）建立的独立的行政机构（独立管制委员会）。第二，从监管法律的角度来看，美国始终坚持监管标准中立、程序公开的原则，制定了完善的法律法规体系，使整个管制改革过程有法可依。第三，从管制实施的角度来看，管制改革的推进以法律为基础，实行促进竞争的监管政策。对于非自然垄断行业，鼓励竞争，促使企业降低成本、提高生产效率。

美国 PPP 监管机构主要是由立法机关建立的独立的行政机构。独立监管机构的权力由国会授予。法律规定独立监管机构可同时行使立法权、行政权和司法权。它在行使立法权方面主要有制定行政规章、制定标准和提出立法建议等三种方式。在具体的事件处理上，它具有准司法的裁决权力，可以批准某些行为和禁止某些行为。独立监管机构一般由 5 ~7 名委员组成。委员由总统提名，经参议院同意后任命。委员的任期超过总统任期，一般为 5 ~7 年。委员必须来自不同党派，以保证委员会避免党派斗争的影响，作出公平的决定。

3. 新加坡：行业纵向一体化为主的监管和管理混合体制

在新加坡，代表国家管理和监督公用事业的权利主体是分行业建立的法定机构。在国会的授权下，各个行业的法定机构均具有政府监管的行政职能和经营公共企业（国有企业）的双重功能。这样，法定机构不仅是半自治的行政管理机构，而且也是经营机构。不同的法定机构，由于所处的经济领域不同，其权力范围也有所差异。

问题 5 发达国家对政社合作监管机构如何设置？

1. 英国：财政部是 PPP 的主管部门

2010 年前，英国负责 PPP 运行的机构有两个：一是财政部的 PPP 工作组（Task Force）。该工作组是 1997 年在财政部下专为 PFI 的推广应用而设立的，旨在为政府机构和私营部门提供咨询和指南。该机构除原职责外，还负责批准英格兰地区的 PFI 交易（苏格兰、威尔士和北爱尔兰的 PFI 交易由各地方负责审批）。二是“英国合作伙伴关系”（Partnership UK）。这是独立于英国财政部、按公司化运营的机构，其中市场投资人占股 51%，财政部和苏格兰主管部门分别占 44% 和 5%。其主要职责是专项支持 PPP 工作组遴选的 PFI 项目，设计具体项目采购与投资策略，以市场化方式对项目和公司进行投资。2010 年后，英国财政部 PPP 工作组和“英国合作伙伴关系”合并进入英国基础设施局

（IUK），由其负责统一管理实施 PF2 项目。

2. 美国：立法机关建立的独立监管机构

美国设置了由立法机关（国会）建立的独立的行政机构（独立管制委员会），它是政府规制的执行者，其职权范围广，管理专业化，成为联邦政府中独特的组织体系，号称立法、行政、司法之外的第四个权力部门。这些机构大体上有三种管制权力：一是核发经营许可证；二是规定运费和价格；三是核准企业组织的内部规章。独立监管机构与一般行政部门的区别表现为：首先，行政部门通常具有许多管理职能，机构庞大而混杂；而独立监管机构的管理职能是单一的，工作人员也很少。其次，行政部门直属总统领导，向总统负责，其首长经参议院同意由总统任免，通常与总统共进退，而独立监管机构的首长和成员通常是该领域的专家，熟悉相应领域的专门知识，而行政部门的首长通常是政客，对相应行政领域的专门知识知之不多。

3. 新加坡：各个行业的法定机构均具有行政管理和经营的双重身份

新加坡的政府监管机构是分行业设立的，政府既是公共项目的提供者又是经营管理者，负责提供相应的产品或服务。各个行业的法定机构均具有行政管理和经营的双重身份，通过在产业促进和监管各方面进行合作协调，并在负责社会性监管的行政机构的辅助下，实现对公共事业项目的监管。

4. 澳大利亚：对 PPP 的监管主要在州政府

澳大利亚对 PPP 项目的监管主要集中在州政府一级。澳大利亚各州的财政局是 PPP 的主管部门，负责制定政策和规章，审批项目，监管 PPP 项目的重大问题，向财政局长及内阁提出独立建议。比如，2000 年，维多利亚州财政局设立了“维多利亚 PPP 合作中心”（Partnership Victoria），协助开展相关工作。

问题6 发达国家的政社合作监管法律法规体系如何？

1. 英国

英国并未出台专门针对 PPP 的法律，而是通过财政部颁布规范性文件进行管理。《公共合同法》（The Public Contracts Regulations 2006）和《公用事业单位合同法》（The Utilities Contract Regulations 2006）是确立 PPP 运作最重要的两项制度，具体还有《关于公私协作的新指引：公共部门参股 PF2 项目的条款磋商》、《PFI/PPP 采购和合同管理指引》、《PFI/PPP 金融指引》等细项规范性文件。

指导 PPP 实施的一般是政府的相关政策和指南，但比较细致。例如，在 PFI 阶段，英国有 3 个政策性文件：《应对投资风险》（2003）、《强化长期伙伴关系》（2006）和《基础设施采购：实现长期价值》（2008）。在 PF2 阶段，有 1 个政策性文件：《PPP 的新方式》（2012）。在项目模式决策方面，英国采用 PSC（Public Sector Comparators，公共部门比较基准）和 VfM（Value for Money，物有所值）的原则选择和评估 PPP 项目。2004 年英国财政部公布了《资金价值评估指南》和《定量评价用户指南》。其中，《资金价值评估指南》作为推动公共部门成本比较的重要方法，对物有所值评价方法的评价程序作出标准化规定；《定量评价用户指南》帮助采购当局评价项目资金价值并作出决策。

2. 美国

美国始终坚持监管标准中立、程序公开的原则，制定了完善的法律法规体系，使整个管制改革过程有法可依。如在美国能源监管机构的设置、职能与监管执法范围的确定、监管的方法等方面都是依据法律法规确立的。对企业经营的条件和违规行为都有明确的规定和限制，从而在法律制度的保障下规范了市场和行业秩序。

从管制实施的角度来看，管制改革的推进以法律为基础，实行促进竞争的监管政策。对于非自然垄断行业，鼓励竞争，促使企业降低成本、提高生产效率，如 1980 年首先在铁路和航空业推行改革，国会通过《斯塔格斯铁路法》放松了价格管制和市场退出管制，允许铁路公司根据市场需求和竞争情况自由定价。对于自然垄断行业，制定科学合理的价格监管模式，如在天然气行业运用投资回报率价格模型，对价格进行监管和调控。

3. 日本

日本负责管理 PPP 项目的政府部门是总理室（由总理任命的专家组成小组），包括负责主要政策制定及项目实施者的选择。为了推动公共部门的财政改革、为民间企业提供更多的投资机会，日本在 20 世纪 90 年代就对 PPP 进行了实质性的探索并取得了显著的成绩。《关于充分发挥民间事业者的活力来促进特别设施整备的临时措施法》（简称民活法或 PFI 法）于 1999 年 7 月制订，同年 9 月实行，正式成为 BTL（Build－Transfer－Lease，建设—移交—租赁）项目的法律指南。

日本 PFI 后来停滞不前的主要原因是在与道路法、下水道法等法案的冲突上，后者一直不允许民间企业成为这类项目的主体。于是，民活法（PFI 法）于 2011 年 5 月 24 日修改、2011 年 6 月 1 日公布、2011 年 12 月 1 日施行后，PFI 的适用范围扩大到租赁住宅、船舶、飞机等运输设施及人造卫星等。此外，医疗设施、城市公园、下水道、铁路、港口等方面也可以设定特许权。为了修订法律制度上的对 PFI 应用范围的限制，在法律上真正确立 PFI 的地位和推广应用，日本还设立了活用项目推进委员会等，制定了公务员派遣制度和民间提议项目制度等。

4. 韩国

韩国政府于 1994 年 8 月制定了《促进民间资本参与社会间接资本设施投资法》，引入 PPP 模式。跟其他国家一样，政府一般负责项目的计划、评估、审批、支持，民间部门负责设计、建设、融资、运营，在项目的全过程上通过政府和民间的持续合作提供公共基础设施和服务。

韩国初期的民间投资项目大部分是公路、铁路等，采用的也多是 BOT，但后来韩国逐渐参考了英国和日本的做法，于 2005 年 1 月修订法律《对社会基础设施民间投资法》以后，韩国引入了BTL方式并大力推广，将民间投资项目的范围大大扩大。为了通过综合系统的管理提高国家基础设施发展的效率和透明度，韩国在法律上明确了民间投资项目的管理机构，于1998年设立了PICKO（Private Infrastructure Investment Center of Korea，韩国民间基础设施投资中心），统一负责管理民间投资基础设施的有关事宜，以统一标准向项目干系人提供服务，包括项目评估、可行性研究、资格评审、招标和评标、技术和行政支持等，结束了以前的混乱状态和不便之处。2005年PICKO已更名为PIMAC（Public and Private Infrastructure Investment Management Center of Korea，韩国公私基础设施投资管理中心），成为韩国公共基础设施投资管理的唯一窗口。

5. 澳大利亚

澳大利亚设有专门的PPP法律，并且其对PPP项目的指导分州进行。以维多利亚州为例，其对PPP的指导主要分成四个方面：政策、指南、建议注释（Advisory Notes）和技术注释（Technical Notes）。其中最主要的是2001年的《维多利亚合作伙伴政策》，为政府PPP项目提供了一个大的理论框架；2003年的《合同管理政策》（Contract Management Policy）是在认识到合同管理在保证长期物有所值重要作用时，颁布的框架性政策措施建议；2007年的《政府公示政策》（Public Disclosure Policy）则要求政府相关部门及时告示各个PPP项目，包括项目的概况、组织方式和风险分担等商业属性，以满足社会大众的监督需求。

问题7 发达国家对不同行业政社合作的监管有哪些特点？

1. 英国

英国政府在电信、煤气、自来水、电力产业颁布了一系列法规，每项法规都建立了一个法定的政府管制机构。英国采用垂直监管模式，设立了统一全国性的监管机构，并在各地各个产业都设置了分支管制机构，由负责各产业的国务大臣委任总监，并授予其发放企业经营许可证，管制企业产品的价格、质量以及投资等行为的法定权利。比如，英国城市水务行业服务监管的基本架构是将环境、经济和社会以及饮用水质量三个方面的监管职能分别纳入三个独立的监管部门，并统一于英国政府环境部。其中，水务办公室的主要职能是经济和社会方面的监督；饮用水监督委员会是饮用水水质的监管单位；环境监管局具体负责环境保护方面的监督。它们与环境部的权力划分一般为：环境部任命各独立部门的总监，制定具体的监管改革措施，设计监管改革方案；独立部门则负责执行政策、监督市场、提出建议和处理具体的监管事务等。这样就实现了政企分离，使经济管制与环境管制分开，为该产业的私有化改革提供了制度上的保障。

对于不同行业的 PPP 项目，项目运营后期的监管工作主要由专门的行业监管机构来完成。英国的各行业监管机构有许多，如 Civil Aviation Authority（CAA），The Financial Conduct Authority（FCA），Office of Communications（Ofcom），The Office of Gas and Electricity Markets（Ofgem），Office of Water Regulation（Ofwat），the Office of Rail Regulation（ORR），the Northern Ireland Authority for Utility Regulation（UREGNI），Monitor 以及 the Water Industry Commission for Scotland（WICS）等。这些机构还共同成立了监管机构联盟组织 UK Regulators Network（UKRN），以促进了行业监管知识和实践经验在不同领域的推广和教育，从而提高了英国不同行业的整体监管水平和实力。这一系列的成果既保障了市场的可持续性发展，又保障了终端消费者的利益。同时，政府也提高了市场信用，获得了公众更多的支持。例如，英国水务监管机构 Ofwat 在自来水和污水 PPP 项目管理中建立了健全的管理体系，积累了一整套技术监管指标，建立了对合作公司的价格问询和定价机制，在最大程度上保障了消费者的利益。

除了设置健全的行业监管机构外，英国政府也制定了一系列政策或法律法规来支持各行业 PPP 项目的发展。以电信行业基础设施 PPP 项目的监管法律为例，该行业的主要监管法律由《通信法案》（Communications Act 2003）、《公司法》（Enterprise Act 2002）、《竞争法案》（Competition law），以及《欧洲社区法案》（European Community law）等构成。该行业也有自己的监管机构 Office of Communications（Ofcom）。在对英国 BT 的监管上，Ofcom 还成立了专门的委员会和办公室（如 Equality Access Board & Office），主要负责对项目的监管，并定期向 Ofcom 提供监管报告，以确保项目的成功实施和运营。

2. 美国

美国不同行业的 PPP 监管都是在法律框架下实施的。比如，1980 年，美国首先在铁路和航空业推行改革，国会通过《斯塔格斯铁路法》放松了价格管制和市场退出管制，允许铁路公司根据市场需求和竞争情况自由定价。此外，在美国能源监管机构的设置、职能与监管执法范围的确定、监管的方法等方面都是依据法律法规确立的。对企业经营的条件和违规行为都有明确的规定和限制，从而在法律制度的保障下规范了市场和行业秩序。

美国各个行业负责政策制定和政策执行的机构相分离。比如，在天然气行业，国会分别设立能源主管部门和能源监管机构，使政策制定与执行相分离。其中能源主管部门主要负责能源发展的政策和战略研究，而能源监管机构则主要负责具体的监管政策的制定和执行。将能源监管机构分设联邦能源监管委员会和州公共事业监管委员会，使其监管职能分级行使且相互协调。州管制委员会主要负责能源监管，而联邦能源监管委员会则只负责跨州及跨国的能源监管。

美国各行业基本都设置了覆盖全国且权责明确的监管体系。比如，在水资源行业，联邦水资源监管机构主要负责全国水资源的管理，包括环境、质量和整体供应与需求等问题。州监管权力主要通过横向一体化的州公用事业监管委员会独立行使，而该委员会也是独立的监管机构，它只负责对提供水务服务的私人企业进行经济监管，其中主要是价格监管。而各州内保持下来的提供水务服务的公共企业，则由各市政府通过财政预算和公务员系统进行直接管理（而非监管）。涉及州和联邦之间的某些业务，包括跨区之间的成本分摊问题，由州与联邦监管委员会协调解决。无法协调的问题可以通过法院和国会审议和裁决。

问题8　发达国家政社合作的监管取得了哪些经验、面临哪些问题？

1. PPP监管所取得的经验

第一，完善的法律法规是有效监管的基本准则。经济发达国家在市场化改革之前，都制定了健全的相关法律，用以明确监管机构的职责、权利、监管内容和方式等，从而实现依法监管，确保了监管的有效性。

第二，设置独立的监管机构是有效监管的重要条件。确保监管机构独立于其他政府部门和企业，划清职责界限，这将有利于监管权力的集中，政府监管机构才能对被监管企业进行有效的权力制衡和约束。

第三，公开透明的监管程序是进行有效监管的关键。根据发达国家的经验，监管的程序、方式和结果均应公开。保持监管过程中的公开透明性，让被监管者与消费者都参与监管，有利于避免监管机构滥用职权、寻租等腐败行为，保证监管的有效性。

第四，全方面的监督约束机制是进行有效监管的保障。经济发达国家对监管机构从立法、司法、行政和社会方面建立约束机制，保证了国家监管机构监管的有效性。

第五，政府全过程参与PPP项目，履行监管职能。要通过监管确定承诺机制，保证企业资产的安全性，降低融资成本，并给企业建立投资激励机制。政府监管必须能够保证企业生产或运营的可持续性，让接受监管的企业获得足够收益，覆盖运营成本，保证企业按时回收固定成本。

2. 国外PPP监管存在的问题

国外对PPP项目也有很多争议，其中一个焦点问题是政府的职责与管制问题。这个问题在英国和所有实施PPP的国家或地区都存在。在PPP关系中，政府是处于采购者、管制者的位置上，但是为了达到“物有所值”的目标，为了保证招标的实施，政府机构又不得不介入实际推动PPP的过程中，成为具体实施的推动者，由此造成了过程不够透明、管制力度不够等问题，具体如下：

一是前期招投标耗时长、手续费高。由于PPP模式比传统的模式复杂，政府和私人部门双方都需要进行深入的研究或咨询，由此产生较高的交易成本，而且学习成本高，需要积累相当多的经验才能降低成本。比如在一项改造伦敦地铁的项目中，光是签订合同就花了4亿英镑，而项目的总成本才157亿英镑。

二是合同周期长，可能导致灵活性不足。经济社会发展日新月异，变化速度相当快。而在PPP模式下，由于政府要受到合同约束，无法进行灵活调整以适应公共需求的变化，由此导致公共利益受损。

三是私人部门融资成本显著高于政府举债成本。曼彻斯特大学的Jean Shaoul对英国最早采用PFI的12家医院项目作了研究，发现平均股权收益率竟然高达58%，显著高于英国的国债收益率。

四是可能加重纳税人长期负担。“出表”的会计处理导致透明度不够，使得政府约束软化，甚至可能导致过度负债。根据英国财政部的数据，从2015年到2049年，政府需要为现有的PFI项目支付共计2222亿英镑使用费，平均到每个家庭约为12208英镑，而对应的PFI项目资本总额不过566亿英镑。

五是双方存在的机会主义倾向导致项目失败风险。政府为吸引私人参与，可能采取先降低标准，完成招标后再修改条款的做法。私人企业为获取项目，可能采取先开出优厚条件，开工后再提出重新谈判的做法。

三、我国政社合作监管的现状

问题9　对我国政社合作监管的现状如何评价？

总的来看，我国政社合作有监管，但政社合作监管仍在政府主导公共服务提供的监管框架内进行，且目前实行的是多行业、多部门分散监管。

从监管机构看，我国还没有统一的PPP监管机构，相关监管责任主要还是分布在各个部委。例如，能源领域按照天然气、水务、电力、核能等进行分别监管，缺少统一能源领域的监管机构。各相关监管职权也被分散在不同的监管机构。例如，建设部门进行施工监管，发展改革委员会进行投资和价格监管，质量监督部门进行产品质量监管，工商行政管理部门进行市场监管。

从PPP相关政策法规看，各部门都出台相关政策。比如，国家发改委和财政部都出台了促进PPP发展的相关政策，住建部、水利部、交通部、环保部等部门也都陆续出台了各自领域的PPP支持政策。在各省级政府层面，为推动PPP的发展，也基本都出台了适合自身的PPP支持文件及相关配套政策。从目前出台的政策来看，对PPP的支持政策多，对PPP项目的监管政策少。在法律层面，通过较早的《政府采购法》、《招投标法》、住建部《市政公用事业特许经营管理办法》，2010年之后尤其是2014年以来，在我国推广PPP的过程中，从中央到地方也出台了不少规范性文件。但与PPP相关的监管和法规体系仍不健全，不利于PPP深入推进。

问题10　我国政社合作监管主要面临哪些问题？

一是多行业、多部门分散监管难以适应PPP发展。政社合作在我国虽然已经实施多年，但政社合作监管仍在政府主导公共服务提供的监管框架进行，且目前实行的是多行业、多部门分散监管，相关政府职能部门承担相应的监管职能。

二是对监管重视不足。由于 PPP 项目投资大，对地方经济发展带来拉动效果，地方政府较为重视 PPP 项目的投资，对 PPP 项目运营和监管重视不够。

三是与 PPP 发展相适应的监管体系、制度不完善。比如：与 PPP 相关的监管的法律法规需要尽快完善；对 PPP 项目评估主要侧重物有所值、财政承受能力论证，对 PPP 项目的风险评估、绩效评估不足；等等。

问题 11　我国政社合作项目信息披露的内容和范围主要包括哪些？

关于信息披露和公开的范围，一般的原则是，除法律明文规定可以不予公开的信息外（如涉及国家安全和利益的国家秘密），其他的信息均可依据项目公司和政府方的合同约定予以公开披露。

实践中，项目公司在运营期间需要公开披露的信息主要包括项目经营状况、项目产出标准、运营绩效等，如医疗收费价格、水质报告。

政府应公开不涉及国家秘密、商业秘密的政府和社会资本合作项目合同条款、绩效监测报告、中期评估报告和项目重大变更或终止情况等。目前，财政部门是 PPP 项目的主管部门，其已明确规定各级财政部门（或 PPP 中心）应当通过官方网站及报刊媒体，每年定期披露当地 PPP 项目目录、项目信息及财政支出责任情况。应披露的财政支出责任信息包括：PPP 项目的财政支出责任数额及年度预算安排情况、财政承受能力论证考虑的主要因素和指标等。项目实施后，各级财政部门（或 PPP 中心）应跟踪了解项目运营情况，包括项目使用量、成本费用、考核指标等信息，定期对外发布。

问题 12　未来如何完善我国政社合作监管？

随着我国政府和社会资本合作提供公共服务的深入推进，有必要加快建立和完善我国政府和社会资本合作监管体系。有两种思路：

思路一：在现有政府职能部门的职能范围内，进一步明确相关职能部门分工，形成权责明晰的监管体系。

思路二：基于现行的政社合作项目监管体制不统一、政出多门且多部门管理的现状，今后推进政社合作模式的顺利推进和健康发展要求其监管应“统一体制、统一政策”，尽快建立“财政统一管理、主管部门实施、市场方式运营”的政社合作监管体制。

第三篇　微观篇

微观篇侧重于政府和社会资本合作项目的规划、识别、准备、采购、执行以及项目的定价与条件、项目公司治理和合同制定、履行等内容。

第十一章
政府和社会资本合作项目的规划、识别和准备

政府和社会资本合作项目前期需要经历规划、识别、准备等环节。在推进政府和社会资本合作时，做好政府和社会资本合作项目规划至关重要。充分发挥社会资本在规划政府和社会资本合作中的作用，有助于增加社会资本的吸引力，并能加快政府和社会资本合作项目落地。

一、政社合作项目操作流程

问题 1　政社合作项目操作主要包括哪些流程？

我国政府相关部门从各自职能出发，对我国 PPP 项目的操作流程作出了规定。从已出台的文件看，涉及 PPP 项目操作流程的文件主要有财政部《政府和社会资本合作模式操作指南（试行）》（财金〔2014〕113 号），国家发改委《政府和社会资本合作项目通用合同指南（2014 年版）》，国家发改委、财政部、住建部、交通部、水利部和中国人民银行出台的《基础设施和公共事业特许经营管理办法》（2015 年第 25 号令），财政部《政府和社会资本合作项目财政承受能力论证指引》（财金〔2015〕21 号），财政部《PPP 物有所值评价指引（试行）》（财金〔2015〕167 号）五个文件。本书主要以《政府和社会资本合作模式操作指南（试行）》财金〔2014〕113 号文件为蓝本，介绍我国 PPP 项

目的操作流程。根据该文件的规定，PPP 项目的操作流程包括项目识别、项目准备、项目采购、项目执行和项目移交 5 个环节，共 19 个步骤，如图 11－1 所示。

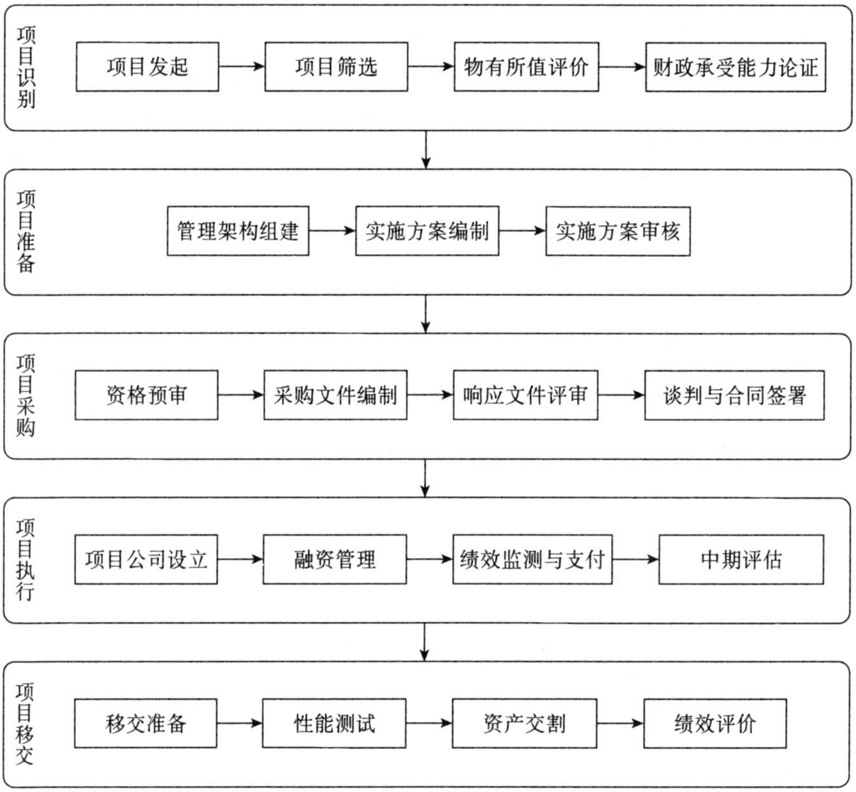

图 11－1　政府和社会资本合作项目操作流程

在项目识别环节，需要经历项目发起、项目筛选、物有所值评价和财政承受能力论证等步骤。

在项目准备环节，需要完成管理架构组建、实施方案编制和审核等步骤。

在项目采购环节，需要经历资格预审、采购文件编制、响应文件评审、谈判与合同签署等步骤。

在项目执行环节，需要经历项目公司设立、融资管理、绩效监测与支付和中期评估等步骤。

在项目移交环节，需要经历移交准备、性能测试、资产交割和绩效评价等步骤。

问题 2 政社合作项目操作流程中主要涉及哪些文件？

根据 PPP 项目操作流程各环节的要求，PPP 项目相关单位需要设计和准备文件，具体如下。

在项目识别环节，项目发起时，需要提供《项目建议书》；项目筛选时，对于新建、改建项目，需要提供《新建、改建项目可行性研究报告》、《新建、改建项目初步实施方案》、《新建、改建项目产出说明》。对于存量项目，需要提供《存量项目公共资产历史材料》、《存量项目产出说明》、《存量项目初步实施方案》；物有所值评价后，需要完成《项目物有所值评价报告》；财政承受能力论证后，需要完成《财政承受能力论证报告》，等等。

在项目准备环节，需要完成《项目实施方案》等。

在项目采购环节，资格预审时，需要完成《资格预审文件》、《资格预审公告》、《资格预审申请》、《资格预审评审报告》；采购文件编制时，需要提供《项目采购文件》；响应文件评审时，需要提供《项目响应文件》；谈判与合同签署时，需要完成《确认谈判备忘录》、《项目合同》。

在项目执行环节，项目公司设立时，需要出具《项目公司设立文件》；融资管理时，需要提供《融资方案》、《履约保函》；绩效检测与支付时，需要完成《项目产出绩效指标季/年报》、《项目产出说明》、《修订项目合同申请》；中期评估时，需要完成《项目中期评估》，等等。

在项目移交环节，移交准备时，需要完成《移交补偿方案》；性能测试时，需要完成《资产评估和性能测试方案》；绩效评价时，需要完成《项目绩效评价》，等等。

二、政社合作的规划

问题 3　什么是规划政社合作？

规划 PPP 包括两层含义：

一是从实现 PPP 项目目标出发，统筹考虑项目规划、设计、投资、建设、运营等阶段的成本、收益与风险，规划设计 PPP 项目，将 PPP 项目的综合成本、风险降到最低、收益实现最大。

二是着眼于区域经济发展，从空间规划（包括土地使用等）入手，统筹 PPP 项目落地与区域经济发展，规划 PPP 项目的设计、投资、建设和运营、维护等。

问题 4　规划政社合作有何意义？

一是积极探索 PPP 项目新模式的需要。目前，有长期稳定的现金流的 PPP 项目，比如：收费的高速公路、供水供热等项目，运用政府和社会资本合作方式进展顺利。而对于没有稳定现金流的 PPP 项目，部分社会资本参与的积极性不高。要提高社会资本参与的积极性，应鼓励社会资本从规划环节入手，大胆探索，让他们找到盈利模式或商业模式。

二是有助于实现 PPP 项目整体目标。PPP 项目包括规划、设计、投资、建设、运营、维护等阶段或环节。如果没有从 PPP 项目全生命周期角度进行总体规划、设计，可能会存在 PPP 项目设计不利于降低运营成本等情况，不利于实现 PPP 项目的总目标。从 PPP 项目全生命周期规划 PPP，有助于从 PPP 项目全生命周期考虑实现提高公共服务质量、降低公共服务成本和风险等目标。

问题5 如何科学规划和选择政社合作项目?

一是充分发挥社会资本的积极性和创造力。社会资本处于市场一线，熟悉市场，对如何实现投资回报和运用什么样的商业模式比政府更为了解，因此，需要充分发挥社会资本在 PPP 项目规划中的创造力和想象力。

二是创造满足社会资本对规划 PPP 的需求。根据社会资本提出 PPP 项目想法，尽可能创造条件满足其激励相容条件。

三是积极探索综合性 PPP 项目。社会资本在规划 PPP 项目时，鼓励积极探索综合性 PPP 项目，方便社会资本跨领域、跨环节回收投资回报。

三、政社合作项目识别

问题6 如何识别是不是政社合作项目?

目前国内假 PPP 项目较多，部分地方政府通过保底承诺、回购安排、明股实债等方式进行变相融资，很多地区将项目包装成 PPP 项目。其主要原因是地方政府简单地把 PPP 模式看成一种替代平台公司的融资工具，异化为融资工具、投资拉动手段。

到底什么是真正或规范的 PPP 项目？我们认为，相对规范的 PPP 应具有以下几个特征：第一，PPP 项目一定是提供公共服务。PPP 适用范围为具有公共属性或满足公共需求的项目，而不能是一些商业性开发（如房地产）项目。第二，PPP 项目实施的主体合规、程序规范。PPP 项目交易双方须是政府和社会资本，并且采用公平、公开、公正的竞争性采购程序完成 PPP 采购。第三，PPP 项目是长期合同关系，就是合作期限原则上不低于 10 年（10～30 年）。第四，强调社会资本参与 PPP 项目全生命周期管理、具有合理的风险分配机制，并按绩效进行付费。社会资本承担主要建设、融资、运营等主要风险，定价按照“盈利但不暴利”原则，保证社会资本有一定盈利的可能，但不保证一定盈利。第五，PPP 项目要突出长期运营特征。社会资本参与 PPP 项目不仅仅是建设，而是要长期运营，提供公共服务。

问题 7 政社合作项目在识别环节需要完成哪些主要工作？

项目识别环节的主要目的在于挑选适合采用 PPP 模式的项目。一般来说，项目识别包括项目发起、项目筛选、物有所值评价和财政承受能力论证 4 个步骤。

1. 项目发起

政府和社会资本合作项目由政府或社会资本发起，以政府发起为主。如果是规划政府和社会资本合作项目，可由社会资本发起为主，鼓励其大胆探索。

2. 项目筛选

财政部门与行业主管部门，对潜在 PPP 项目进行评估筛选，确定备选项目。财政部门根据筛选结果制定项目年度和中期开发计划。对于列入年度开发计划的项目，项目发起方按财政部门的要求提交相关资料。

3. 财政部门对项目进行物有所值评估和财政承受能力论证

通过物有所值评价和财政承受能力论证的项目，方可进行项目准备。

问题 8 如何发起政社合作项目？

财政部《政府和社会资本合作模式操作指南（试行）》（财金〔2014〕113 号）第六条规定，投资规模较大、需求长期稳定、价格调整机制灵活、市场化程度较高的基础设施及公共服务类项目，适宜采用政府和社会资本合作模式。

若 PPP 项目由政府发起，由财政部门（政府和社会资本合作中心）

向交通、住建、环保、能源、教育、医疗、体育健身和文化设施等行业主管部门征集潜在 PPP 项目。行业主管部门可从国民经济和社会发展规划及行业专项规划中的新建、改建项目或存量公共资产中遴选潜在项目。若 PPP 项目由社会资本发起，社会资本应以项目建议书的方式向财政部门（政府和社会资本合作中心）推荐潜在的 PPP 项目。

今后，随着政府和社会资本合作深入推进，应积极鼓励社会资本发起 PPP 项目。

四、政社合作项目准备

问题 9 PPP 项目准备环节需要完成哪些主要工作?

通过物有所值评价和财政承受能力论证的项目，可进入项目准备环节。这一阶段的主要工作包括组建管理架构、编制和批准实施方案，具体工作包括：

1. 组建项目实施机构

政府或其指定的有关职能部门或事业单位可作为项目实施机构，负责项目准备、采购、监管和移交等工作。县级（含）以上地方人民政府可建立专门协调机制，主要负责项目评审、组织协调和检查督导等工作。

2. 编制项目实施方案

项目实施机构组织编制项目实施方案。一般来说，项目实施方案包括项目概况、风险分配基本框架、项目运作方式、交易结构、合同体系、监管框架和采购方式选择等内容。

3. 实施方案审核

实施方案审核主要是进行财务分析、风险分析以及关联影响分析。这个环节必须明确采用 PPP 模式要实现的目标，分析项目引进企业、社会资本的可行性、社会资本的实力、风险承受能力等。

对在项目识别环节未开展物有所值评价和财政承受能力论证的 PPP 项目，财政部门应在此时对项目实施方案进行物有所值和财政承受能力验证。通过验证的，由项目实施机构报政府审核；未通过验证的，可在实施方案调整后重新验证；经重新验证仍不能通过的，不再采用 PPP 模式。

问题 10 如何确定 PPP 项目前期审批形式？

2004 年，《国务院关于投资体制改革的决定》（国发〔2004〕20 号）明确，改革不分投资主体、不分资金来源、不分项目性质，一律按投资规模大小由各级政府及有关部门进行审批的投资管理体制，对政府投资建设的项目依然实行审批制，而对企业不使用政府投资的项目区别不同情况实行核准制和备案制。同时，国务院还通过颁布政府核准的投资项目目录，进一步明确核准目录内的项目实行核准制，除国家有相关产业政策特殊规定外，目录外一律采用备案制。

由此可见，现行的项目审批制度是从项目资金来源以及产业政策两个方面来确定最终采取怎样的审批形式。目前，针对 PPP 项目，在国家没有专门制定新的审批制度之前，还应根据现行政策确定审批形式。

PPP 项目资金来源有两类：全部由企业出资，或由政府和企业按照约定比例共同出资。对经营性项目来说，使用者收费能够完全覆盖投资成本，政府不用直接投资参股，这类项目如果从建设到经营期内的运营维护，确实全部由企业出资，则应采用企业投资项目核准制或备案制；对准经营性项目和非经营性项目来说，经营收费不足以覆盖投资成本，政府可能直接投资参股，或给企业附加部分补贴，或在项目建成后由政府付费购买服务，尽管这两类项目在建设过程中未必由政府直接参与投资，但政府以补贴和购买服务的方式实际上承担了投资成本，是一种短期投资向长期投资的转化，因此应视作包含政府投资而采用政府投资项目审批制。

根据国家发展改革委《关于开展政府和社会资本的指导意见》（发改投资〔2014〕2724 号），PPP 模式主要适用于政府负有提供责任又适宜市场化运作的公共服务、基础设施类项目。从中可以看出，PPP 项目并不包含国家产业政策限制类或禁止类，对全部由企业投资的项目，应当根据核准目录来确定采取核准制或备案制。此外，根据国务院《政府核准的投资项目目录（2014 年本）》，部分城建项目和社会事业项目可以由地方政府自行确定实行核准制或备案制。根据核准制的本质要求，项目核准机关需从维护社会公共利益的角度，对企业投资项目的“外部性”条件进行审查和把关，主要包括维护经济安全、合理开发利用资源、保护生态环境、优化重大布局、保障公共利益、防止出现垄断等。基础设施和公共服务类项目一般对社会公共利益有较大影响，企业投资此类项目实行核准制较为稳妥。

问题 11　政社合作项目立项和一般项目立项有何异同？

项目立项分为审批、核准和备案三种类型。其中，审批针对政府投资项目，核准和备案针对社会投资项目。根据现行政策规定，启动 PPP 项目运作程序前，与一般项目一样，均须遵照《国务院关于发布政府核准的投资项目目录（2014 年本）的通知》（国发〔2014〕53 号）、《政府核准投资项目管理办法》（国家发展和改革委员会令第 11 号）以及投资项目管理有关规定，完成前期立项。

与一般项目立项不同的是，PPP 项目在进行前期立项时，还必须进行物有所值评价和财政承受能力论证。地方政府应将 PPP 备选项目列入本级政府年度开发计划，由本级财政部门（政府和社会资本合作中心）会同主管部门共同筛选确认，并进行物有所值评价和财政承受能力论证工作，通过后报本级政府常务会议讨论审批，由本级政府出具 PPP 项目立项批复。

问题 12　政社合作项目实施方案应包括哪些内容？

按照《政府和社会资本合作模式操作指南（试行）》（财金〔2014〕113 号）的要求，PPP 项目实施方案应包括以下内容：

1. 项目概况

项目概况主要包括基本情况、经济技术指标和项目公司股权情况等。基本情况主要明确项目提供的公共服务内容、项目采用政府和社会资本合作模式的必要性和可行性，以及项目运作的目标和意义。经济技术指标主要明确项目区位、占地面积、建设内容或资产范围、投资规模或资产价值、主要产出说明和资金来源等。项目公司股权情况主要明确是否要设立项目公司以及公司股权结构。

2. 风险分配基本框架

按照风险分配优化、风险收益对等和风险可控等原则，综合考虑政府风险管理能力、项目回报机制和市场风险管理能力等要素，在政府和社会资本间合理分配项目风险。

3. 项目运作方式

项目运作方式主要包括委托运营、管理合同、建设—运营—移交、建设—拥有—运营、转让—运营—移交和改建—运营—移交等。项目具体运作方式的选择与项目本身情况有关。

4. 交易结构

交易结构主要包括项目投融资结构、回报机制和相关配套安排。

项目投融资结构主要说明项目资本性支出的资金来源、性质和用途，项目资产的形成和转移等。

项目回报机制主要说明社会资本取得投资回报的资金来源，包括使用者付费、可行性缺口补助和政府付费等支付方式。

相关配套安排主要说明由项目以外相关机构提供的土地、水、电、气和道路等配套设施和项目所需的上下游服务。

5. 合同体系

合同体系主要包括项目合同、股东合同、融资合同、工程承包合同、运营服务合同、原料供应合同、产品采购合同和保险合同等。项目合同是其中最核心的法律文件。

项目边界条件是项目合同的核心内容，主要包括权利义务、交易条件、履约保障和调整衔接等边界。

权利义务边界主要明确项目资产权属、社会资本承担的公共责任、政府支付方式和风险分配结果等。

交易条件边界主要明确项目合同期限、项目回报机制、收费定价调整机制和产出说明等。

履约保障边界主要明确强制保险方案以及由投资竞争保函、建设履约保函、运营维护保函和移交维修保函组成的履约保函体系。

调整衔接边界主要明确应急处置、临时接管和提前终止、合同变更、合同展期、项目新增改扩建需求等应对措施。

6. 监管架构

监管架构主要包括授权关系和监管方式。授权关系主要是政府对项目实施机构的授权，以及政府直接或通过项目实施机构对社会资本的授权；监管方式主要包括履约管理、行政监管和公众监督等。

7. 采购方式选择

项目采购应根据《中华人民共和国政府采购法》及相关规章制度执行，采购方式包括公开招标、竞争性谈判、邀请招标、竞争性磋商和单一来源采购。项目实施机构应根据项目采购需求特点，依法选择适当采购方式。

第十二章
政府和社会资本合作项目采购

政府和社会资本合作项目落地，必须经过政府采购程序，且须按照规范的政府采购流程进行操作。可针对具体的政府和社会资本合作项目，选择合适的政府采购方式。在对政府和社会资本合作项目进行政府采购时，需要平衡好对社会资本设立条件与维持项目竞争性关系，既要让社会资本经历竞争过程，充分发挥竞争效率，又不需要付出较高的招投标和政府采购成本。

一、政社合作项目采购适应的法律、应遵循的原则及特点

问题1　为什么说不论哪种形式政社合作项目都要经过政府采购程序?

有观点提出，政府付费和可行性缺口补贴的 PPP 项目需要政府出钱，因此需要经过政府采购，而使用者付费的 PPP 项目不用财政出钱，因此可以不需要经过政府采购。如果深入分析就会发现这种观点难以成立。只要是 PPP 项目，不论采取哪种付费方式，都要经过政府采购程序。其原因在于：

一是有助于充分实现公共资源的价值。政府和社会资本合作提供公共服务时，政府可以公共资源作为投入与社会资本进行合作。公共资源到底占 PPP 项目多大股权，需要经过多个社会资本的竞争，才能实现

较大的价值。

二是有助于降低财政支出、使用者付费价格和提高公共服务质量。对于政府付费的 PPP 项目，政府到底付费多少，对于使用者付费的 PPP 项目，使用者付费多少，以及运用 PPP 方式提高公共服务质量状况如何，都需要经历社会资本竞争过程。充分的竞争，有助于充分发挥 PPP 应有的作用。

三是只要涉及公共服务，相关项目都应纳入政府采购。因为公共服务提供本身涉及公众利益，如果公共服务提供质量不高而引发社会矛盾，最终必须由政府兜底，给政府带来或有债务风险、财政支出。因此，涉及公共服务提供须纳入政府采购管理。

问题 2 为什么说政社合作项目采购适用政府采购法律制度？

按照《中华人民共和国政府采购法》、《中华人民共和国政府采购法实施条例》、《中华人民共和国招投标法》、《中华人民共和国招投标法实施条例》，PPP 项目采购是否适用政府采购法律制度，取决于 PPP 项目付费来源。对于可行性缺口补助、政府付费的 PPP 项目，根据《中华人民共和国政府采购法》、《中华人民共和国政府采购法实施条例》，须纳入政府采购。《中华人民共和国政府采购法》第二条规定："本法所称政府采购，是指各级国家机关、事业单位和团体组织，使用财政性资金采购依法制定的集中采购目录以内的或者采购限额标准以上的货物、工程和服务的行为。"2015 年 3 月 1 日开始执行的《中华人民共和国政府采购法实施条例》（国务院令第 658 号）中第二条规定"政府采购法第二条所称财政性资金是指纳入预算管理的资金。以财政性资金作为还款来源的借贷资金，视同财政性资金。国家机关、事业单位和团体组织的采购项目既使用财政性资金又使用非财政性资金的，使用财政性资金采购的部分，适用政府采购法及本条例；财政性资金与非财政性资金无法分割采购的，统一适用政府采购法及本条例。政府采购法第二条所称服务，包括政府自身需要的服务和政府向社会公众提供的公共服务。”需要指出的是，可行性缺口补助、政府付费的 PPP 项目如果涉及工程建设，采用招标方式采购的，适用《中华人民共和国招投标法》，但应执行政府采购政策。

对于使用者付费的 PPP 项目，不使用财政性资金，可按照《中华人民共和国招投标法》第三条的相关规定，对于大型基础设施、公用事业等关系社会公共利益、公众安全的项目，必须进行招标，使用《中华人民共和国招投标法》。

专栏 11－1　为什么说 PPP 项目采购适用政府采购法律制度？

PPP 项目实施机构（采购人）选择合作社会资本（供应商）适用政府采购法律制度，主要出于以下考虑：

一是根据相关法律规定，对于政府补贴、政府付费的 PPP 项目须纳入政府采购。《中华人民共和国政府采购法》第二条规定：“本法所称政府采购，是指各级国家机关、事业单位和团体组织，使用财政性资金采购依法制定的集中采购目录以内的或者采购限额标准以上的货物、工程和服务的行为。”2015 年 3 月 1 日开始执行的《中华人民共和国政府采购法实施条例》（国务院令第 658 号）中第二条规定“政府采购法第二条所称财政性资金是指纳入预算管理的资金。以财政性资金作为还款来源的借贷资金，视同财政性资金。国家机关、事业单位和团体组织的采购项目既使用财政性资金又使用非财政性资金的，使用财政性资金采购的部分，适用政府采购法及本条例；财政性资金与非财政性资金无法分割采购的，统一适用政府采购法及本条例。政府采购法第二条所称服务，包括政府自身需要的服务和政府向社会公众提供的公共服务。”根据《中华人民共和国政府采购法》、《中华人民共和国政府采购法实施条例》，对于政府补贴、政府付费的PPP项目须纳入政府采购。《关于推广运用政府和社会资本合作模式有关问题的通知》（财金〔2014〕76号）规定：“地方各级财政部门要会同行业主管部门，按照《政府采购法》及有关规定，依法选择项目合作伙伴。”按此规定，无论是使用者付费的PPP项目，还是政府补贴、政府付费的PPP项目均须纳入政府采购。同时，世界主要国际组织和国家在选择PPP合作方时都遵循政府采购规则，并把服务和工程特许经营权的授予也视为政府采购公共服务的一种方式，将其纳入政府采购监管。因此，将PPP项目选择合作者的过程纳入政府采购管理，可以进一步促进我国政府采购制度与国际规则对接，也符合世界贸易组织《政府采购协定》（GPA）对政府采购的定义——为了政府目的以任何合同方式开展的采购活动。

二是我国政府采购法规定了公开招标、邀请招标、竞争性谈判、询价、单一来源五种采购方式，并授权监管部门认定新的采购方式。这些法定采购方式（包括竞争性磋商方式），能够比较好地适用于PPP项目采购中公开竞争、选择性竞争和有限竞争的情况，并充分实现“物有所值”的价值目标，使PPP项目采购更具可操作性。

三是政府采购法律制度规定了优先采购节能环保产品，支持中小企业等宏观调控和政策功能目标。将PPP项目选择合作者的过程纳入政府采购管理，将更加有利于PPP项目发挥公共性和公益性作用。

——资料来源：财政部有关负责人就《政府采购竞争性磋商采购方式管理暂行办法》、《政府和社会资本合作项目政府采购管理办法》有关问题答记者问，2015年1月21日。

问题3　政社合作项目采购有何特点?

第一，PPP 项目采购对象是非标准化的产品。一般的政府采购都是采购货物、服务，而 PPP 项目采购虽然也是公共服务，但更多的是非标准化产品，大量 PPP 项目边界比较模糊、难以确定详细规格或者具体要求。

第二，PPP 项目采购所提供的公共服务的时间比较长、涉及的金额较大。政府与社会资本签订 10 年以上长期采购合同，社会资本按合同提供公共服务。一般来说，PPP 项目采购所提供的公共服务所涉及的金额较大。

第三，PPP 项目采购可能更多采用竞争性谈判和竞争性磋商方式进行。由于 PPP 项目采购对象是非标准化的产品，且通过采购所提供的公共服务的时间比较长、涉及的金额较大，竞争性谈判和竞争性磋商方式可能是 PPP 项目采购的常用方式。

第四，PPP 项目的采购合同复杂。PPP 项目的采购涉及公共服务项目建设、运营、移交等环节，不同环节可能面临各种风险与不确定性。为防范和化解这些风险与不确定性，需要在采购合同中加以明确，这会增加采购合同的复杂程度。

第五，许多 PPP 项目的绩效评价需要综合预算绩效评价、公共服务的受益对象评价、第三方评价等，而不是像传统的采购那样根据采购合同规定的每一项技术、服务指标进行履约验收。

问题4　政社合作项目采购应遵循哪些原则?

PPP 项目采购遵循公开、公平、公正和诚实信用原则。

公开原则指政府采购的法律、政策、程序和采购活动对社会公开，所有相关信息都必须公之于众。公开与透明的关系十分密切，公开是实现透明的途径，透明是公开的结果，二者密不可分，所以公开原则实际上就是透明原则。

公平原则主要是指机会平等基础上的法律主体地位和权利义务的对等性。判断公平与否的标准，一般来说，应从社会正义的角度，以人们公认的价值观、是非观作为标准，也包括人们公认的经济利益上的公正、合理。

公正原则主要指对参加采购活动的任何供应商、承包商或服务提供者一视同仁，不得对任何一方进行歧视。该原则强调主观上排除偏向性，采购者、代理机构以及评审者都要做到中立持正，一视同仁地均等对待。

诚实信用原则主要指采购活动中的各方当事人，在项目名称、信息传达、评标审标过程要真实，不得有任何虚假。供应商在其所提供的采购物品、服务时要达到投标时所作出的承诺，参加政府采购的当事人都应诚实守信用，遵守已承诺合同的约定，不得弄虚作假。

二、采购流程

问题 5 政社合作项目具体采购流程包括哪些？

根据《政府和社会资本合作模式操作指南（试行）的通知》（财金〔2014〕113 号）和《政府和社会资本合作项目政府采购管理办法》（财库〔2014〕215 号），PPP 项目的一般采购流程包括：资格预审、采购文件的准备和发布、提交采购响应文件、采购评审、采购结果确认谈判、签署确认谈判备忘录、成交结果及拟定项目合同文本公示、项目合同审核、签署项目合同、项目合同的公告和备案等若干基本环节。

具体到每一种采购方式而言：

1. 公开招标和邀请招标的流程

根据《招标投标法》、《招标投标法实施条例》、《政府采购法》、《政府采购法实施条例》、《政府采购货物和服务招标投标管理办法》、《政府和社会资本合作模式操作指南（试行）的通知》（财金〔2014〕

113 号）和《PPP 项目采购办法》等规定，通过公开招标及邀请招标方式采购 PPP 项目的流程如图 12－1 所示。

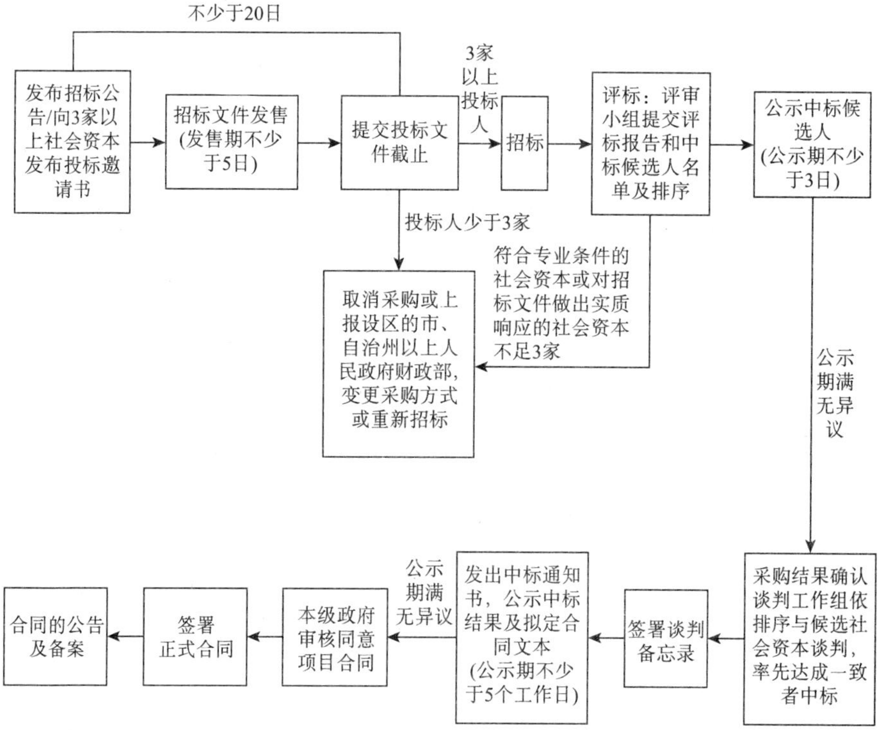

图 12－1　公开招标和邀请招标方式采购 PPP 项目流程图

2. 竞争性谈判和竞争性磋商的流程

根据《政府采购法》、《政府采购法实施条例》、《政府和社会资本合作模式操作指南（试行）的通知》（财金〔2014〕113 号）、《政府采购非招标采购方式管理办法》和《PPP 项目采购办法》等规定，通过竞争性谈判方式采购 PPP 项目的流程如图 12－2 所示：

根据《政府采购法》、《政府采购法实施条例》、《政府和社会资本合作模式操作指南（试行）的通知》（财金〔2014〕113 号）、《政府采购竞争性磋商采购方式管理暂行办法》和《PPP 项目采购办法》等规

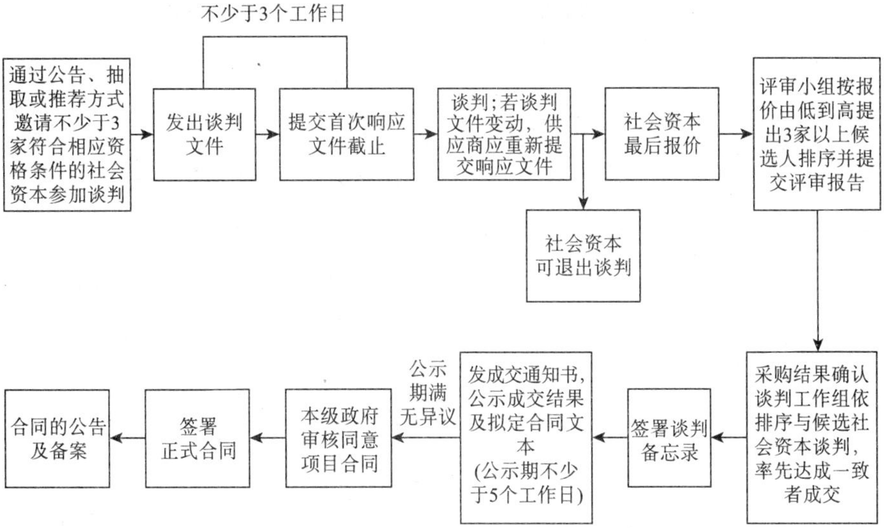

图 12－2　竞争性谈判方式采购 PPP 项目流程图

定，通过竞争性磋商方式采购 PPP 项目的流程如图 12－3 所示：

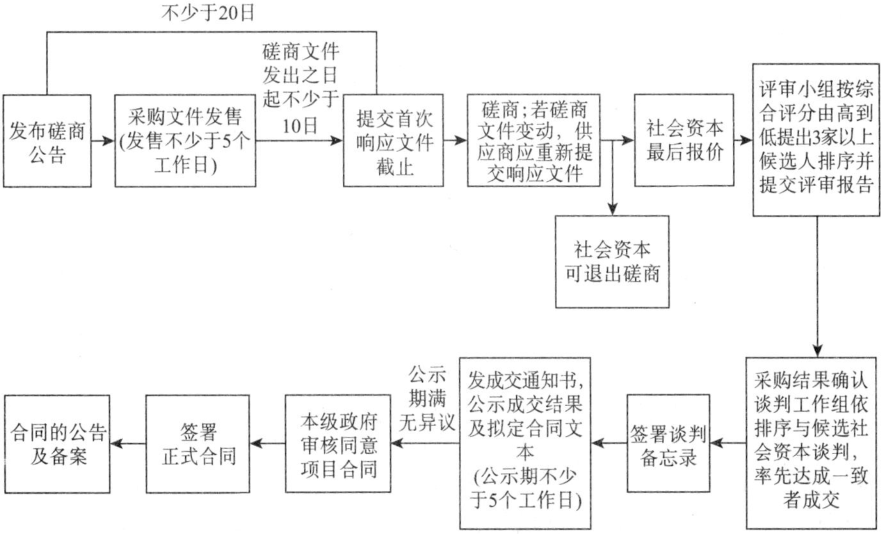

图 12－3　竞争性磋商方式采购 PPP 项目流程图

3. 单一来源采购的流程

根据《政府采购法》、《政府采购法实施条例》、《政府和社会资本合作模式操作指南（试行）的通知》（财金〔2014〕113号）、《政府采购非招标采购方式管理办法》和《PPP项目采购办法》等规定，通过单一来源采购方式采购PPP项目的流程如图12－4所示：

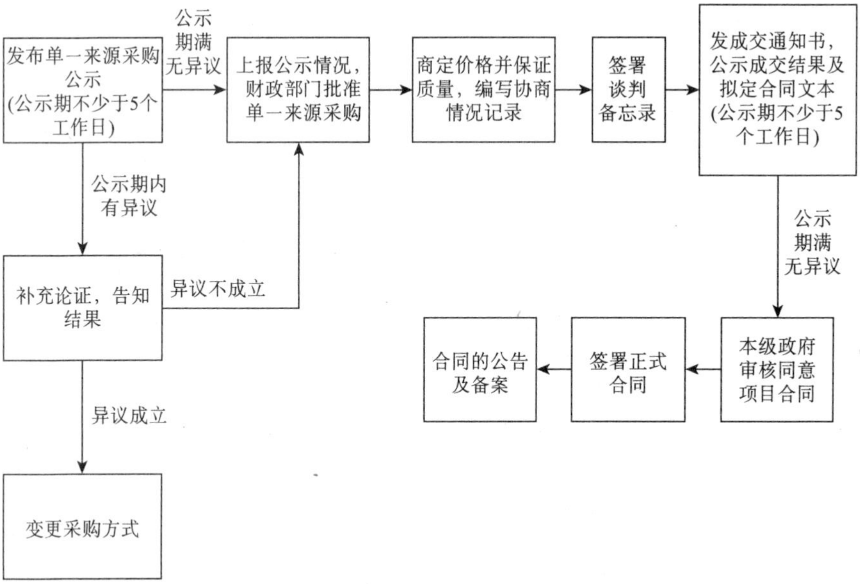

图12－4　单一来源采购方式采购PPP项目流程图

问题6　政社合作项目采购为什么要进行市场测试？

市场测试是在启动PPP正式采购程序前，政府方用以检验自己有关项目的方案设想是否符合市场参与主体如潜在竞标人、融资机构的意愿，引发其兴趣，并借此获得各类市场参与主体的反馈，对PPP方案进行可能的调整完善的一种工具。这一工具和手段，类似于投行并购业务中，卖方和卖方顾问准备的一种早期推介材料的作用，用来吸引和试探市场买方的兴趣，又不至于泄露太多没有保密责任约束的敏感信息。

市场测试对成功运作PPP项目而言，至少有以下几种好处：

一是政府方无须承担高成本，既可了解市场参与主体的态度，又可提高PPP项目实际推向市场后的成功率。正式启动PPP项目采购程序的成本非常高昂：工程技术可行性研究、各种专业中介机构如财务、商务、法律、风险等，无论项目成功与否，都需要支付费用，政府相关部门也要投入大量人力、物力和协调精力。如果设计的项目结构和条件不符合市场预期，损失的不仅是这些前期费用，还可能涉及政府的声誉。

二是提供更早的纠错机会，甚至可以据此终止PPP项目采购。市场测试中可能发现有哪些投资者对推介项目感兴趣，数量有多少？未来的竞争激烈程度如何？潜在投资者对PPP初步方案的意见主要集中在哪些问题上？政府方可以进一步分析和完善PPP项目方案，让方案更加契合市场需求。在政府方发现无法满足市场的普遍期待时，可以据此终止计划中的PPP项目采购程序，避免强行推行造成的更大损失或进退维谷的局面。

三是市场测试也给市场参与主体提供了解政府的项目目标和意图的好机会，投资者可以开展细致严谨，组建更有实力的联合团队，作出合理决策。市场参与主体自然希望更早了解政府对PPP项目设置的目标和运作意图，留出更多时间做详细评估；同样，若需组建投标联合体的情况下，市场主体也需要大量前期协调时间。

四是市场测试可以帮助政府提前筛选意向性社会投资机构。

问题7 政社合作项目采购与招标阶段的主要任务有哪些？

项目采购与招标阶段的主要任务可分为两个步骤：招标前的准备工作、招标与采购工作。

1. 招标前的准备工作

（1）相关法律、法规和政策的考虑。审慎考虑关于PPP项目采购的相关法律、法规和政策等规定。（2）对项目未来实施中可能出现的重要问题作出预案。在项目正式实施前，要认真考虑项目实施中可能遇到的主要问题和困难，并制定相应的解决方案或措施，例如不同政府部门间的协同合作、土地征用、公用设施迁移、项目所在地居民的拆迁和安置、建筑施工物料运输供应、材料费用上涨等主要问题。（3）项目招标实施过程中组建执行团队。根据项目的复杂程度和规模，决定是成立新的项目招标执行团队，还是沿用前期项目开发阶段的管理团队，来完成招标阶段计划和任务。对于大型而复杂的项目，建议在招标完成后单独成立全权授权的新执行机构或部门来处理项目开发、建筑实施、后期运营管理等过程中协同、管理等纷繁复杂的任务和活动。（4）第三方机构尽职调查与项目信用评级。在项目招标正式开始之前，邀请第三方机构对拟实施项目进行信用评级。评估内容包括项目建议书中的可行性和项目风险等内容，使投资人和债权人对该项目建立一定的信心。项目评级对债务融资模式为主的项目公司至关重要，因为商业评级的高低决定了该项目借贷成本的高低。信誉评级较高的项目可以通过发行债券的形式来融资，而债券融资成本更是低于商业贷款。这将极大地提升项目的财务可行性、融资能力和盈利能力，更提高了对投资人的吸引力。（5）设立招标委员会，建立投标流程和评估标准。鉴于 PPP 项目的复杂性，需要耗费更长的时间来做准备。（6）完善项目标书。将项目前期分析的主要成果体现在服务采购合同的不同章节或部分中；拟定项目服务采购合同的主体逻辑框架结构和条款内容；根据国家相关法律法规，撰写项目招标文件。

2. 项目招标与采购工作

（1）项目推介和市场测试。（2）意向投标机构的资质预审。（3）向预审通过的机构发出项目建议书邀约。（4）对投标机构的项目建议书作出反馈。此过程，允许政府就特定事项向潜在投资者作出充分的解释和说明。（5）项目投标说明书修订、发布和最终投标。（6）意向标书的评审和筛选。（7）项目合同的谈判、签署与项目融资到位。

招标采购过程中的注意事项：（1）发出合格的项目建议书邀约。（2）及时对投标机构的项目建议书作出反馈。在收到意向投资机构的项目建议书后，招标执行机构需要对标书内容作出反馈。一方面，招标机构要向投标机构提供更详细的项目和合同信息，以帮助投资者更好地理解项目，来决定是否参与最终阶段的投标；一方面，招标机构通过信息回馈来修订项目合同条款。（3）项目投标说明书修订、发布和最终投标。通过上述信息交互和反馈后，政府招标执行部门可根据反馈情况进一步修订项目合同。如果招标文件或相应合同条款有任何修改，招标执行部门必须及时通知相关投标机构。（4）意向标书的评审和筛选。在竞标结束后，招标项目评审机构将依据事先公布的标准（在发布意向说明通知和概念建议书通知时，审核标准应该被明确告知）来评判收到的所有项目建议书。(5）项目合同的谈判、签署与项目融资到位。在正式签订合同之前，中标机构可与项目执行机构进行最后的谈判和磋商。协商的内容不是合同条款，而是项目具体执行计划，如项目公司成立的时间节点等具体执行细节和安排。待双方合同和项目管理意见达成一致后，正式签署合同。中标机构在解决了项目资金缺口（中标机构与债权人签署借贷协议)，与项目其他相关各方签署合作协议，并将其复印件抄送项目执行机构后，才算正式告终。

问题 8 政社合作项目不同采购方式时间预估需要注意哪些？

PPP 项目采购方式包括公开招标、竞争性谈判、邀请招标、竞争性磋商和单一来源采购。项目实施机构应根据项目采购需求、特点，依法选择适当采购方式。

公开招标主要适用于核心边界条件和技术经济参数明确、完整、符合国家法律法规和政府采购政策，且采购中不作更改的项目；对于更为复杂的 PPP 项目，因为其初始信息与结果通常是不明确的，公开招标方式往往难以实现。

按照《政府采购非招标采购方式管理办法》的规定，竞争性谈判采购方式，只能采用最低（评标）价法，即谈判小组应当从质量和服务均能满足采购文件实质性响应要求的供应商中，按照最后报价由低到高的顺序提出3名以上成交候选人；采购人从评审报告提出的成交候选人中，根据质量和服务均能满足采购文件实质性响应要求且最后报价最低的原则确定成交供应商。相比公开招标，竞争性谈判过程迅速，成本较低的同时还能得到很好的报价。

几种方式相比，在项目的资格预审阶段后（资格预审阶段存在最低时间限制的环节的时限总计约为15个工作日），以公开招标、邀请招标方式采购PPP项目的环节最为复杂，且在多个环节存在最低时间限制（公开招标、邀请招标采购方式中，存在最低时间限制的环节的时限总计约为30日）；以单一来源方式采购PPP项目的环节最为简单；以竞争性谈判方式采购PPP项目各环节上的最低时间限制最少（竞争性谈判采购方式中，存在最低时间限制的环节的时限总计约为8个工作日）。

当然，相关规定对于不同采购方式的条件存在不同要求，对于达到当地政府的公开招标数额标准的PPP项目，如通过公开招标以外的方式进行采购（例如，在公开招标的资格预审阶段，符合资格预审条件的社会资本在连续两次的资格预审中均不足3家），则项目的实施机构应当在报经主管预算单位同意后，向设区的市、自治州以上人民政府财政部门申请批准。

问题9　政社合作项目招标文件编制中的常见法律风险有哪些？

政府和社会资本合作模式（PPP）招标文件目前尚无标准文本可循。PPP项目中的招标人或招标代理机构，必须结合具体的PPP项目，编制具体的招标文件或资格预审文件。而在这些招标文件或资格预审文件的编制中，存在着一些常见的法律风险。

1. 时间方面

（1）资格预审文件或招标文件发售期的法律风险。根据《中华人民共和国招标投标法实施条例》第十六条的规定："招标人应当按照资格预审公告、招标公告或者投标邀请书规定的时间、地点发售资格预审文件或者招标文件。资格预审文件或者招标文件的发售期不得少于5日。"但是，在招标人或招标代理机构编制PPP项目招标文件或资格预审文件时，往往为了提前结束招标投标工作，忽略了法定的招标文件或资格预审文件发售期，往往少于5日。同时值得注意的是，本条针对的是所有的招标项目，不管是依法必须进行招标的项目，还是自愿招标的项目，资格预审文件或者招标文件的发售期均不得少于5日。（2）资格预审申请文件或招标文件提交期限的法律风险。首先，资格预审申请文件提交期限的法律风险。根据《招标投标法实施条例》第十七条的规定："招标人应当合理确定提交资格预审申请文件的时间。依法必须进行招标的项目提交资格预审申请文件的时间，自资格预审文件停止发售之日起不得少于5日。"其次，招标文件提交期限的法律风险。根据《中华人民共和国招标投标法》第二十四条的规定："招标人应当确定投标人编制投标文件所需要的合理时间；但是，依法必须进行招标的项目，自招标文件开始发出之日起至投标人提交投标文件截止之日止，最短不得少于20日。"因此，如果以招标的方式选择政府和社会资本合作模式（PPP）项目的社会资本，建议将招标文件的提交期限，留足至少20日。（3）对资格预审文件或招标文件异议期的法律风险。根据《招标投标法实施条例》第二十二条的规定："潜在投标人或者其他利害关系人对资格预审文件有异议的，应当在提交资格预审申请文件截止时间2日前提出；对招标文件有异议的，应当在投标截止时间10日前提出。招标人应当自收到异议之日起3日内作出答复；作出答复前，应当暂停招标投标活动。"（4）投标保证金退还期的法律风险。根据《招标投标法实施条例》第五十七条第二款的规定："招标人最迟应当在书面合同签订后5日内向中标人和未中标的投标人退还投标保证金及银行同期存款利息。”因此，对于投标保证金的法律风险，通常表现在两个方面：一是必须在合同签订后5日内退还，而不是5个工作日。5个工作日有可能等于5日，但也有可能大于5日，但不完全等于5日。二是退还时，必须将银行同期存款利息也退还，而不能“不计利息”。

2. 资格预审方面

（1）资格预审文件与招标文件是否编制为同一份文件。从审慎、合理、提高效率等的角度出发，最好将资格预审文件与招标文件分开制作。不要合在一起，除非是采取资格后审的方式。（2）编制资格预审审查标准和方法中的法律风险。招标人或招标代理机构在编制资格预审文件时，对资格预审审查的标准和方法，必须详细、具体、明确、可操作。（3）再次或多次资格预审的法律风险。根据《招标投标法实施条例》第十九条的规定：“资格预审结束后，招标人应当及时向资格预审申请人发出资格预审结果通知书。未通过资格预审的申请人不具有投标资格。通过资格预审的申请人少于3个的，应当重新招标。”

3. 投标方面

（1）投标文件撤回中的法律风险。投标人在投标文件提交截止时间之前，投标人具有修改、补充、撤回其投标文件的法定权利，对于此种法定权利，招标人或招标代理机构在编制招标文件时，不得予以剥夺。《招标投标法》第二十九条的规定：“投标人在招标文件要求提交投标文件的截止时间前，可以补充、修改或者撤回已提交的投标文件，并书面通知招标人。补充、修改的内容为投标文件的组成部分。”因此，在编制PPP项目招标文件时，对于投标人修改、补充、撤回其投标文件，需注意其法定权利的保障，否则将引起相应的法律风险。（2）投标文件接收中的法律风险。在特定条件下，招标人可以拒收投标人的投标文件。对此，《招标投标法》第二十八条第二款规定：“在招标文件要求提交投标文件的截止时间后送达的投标文件，招标人应当拒收。”

以及《招标投标法实施条例》第三十六条第一款规定："未通过资格预审的申请人提交的投标文件，以及逾期送达或者不按照招标文件要求密封的投标文件，招标人应当拒收。"（3）投标人不足三家时处理的法律风险。对此，《招标投标法实施条例》第四十四条第二款规定："投标人少于3个的，不得开标；招标人应当重新招标。"因此，如果在开标前，发现投标人少于三家的，招标人需要重新招标。

4. 定标方面

中标条件制定中的法律风险。根据《招标投标法》第四十一条的规定："中标人的投标应当符合下列条件之一：（一）能够最大限度地满足招标文件中规定的各项综合评价标准；（二）能够满足招标文件的实质性要求，并且经评审的投标价格最低；但是投标价格低于成本的除外。"因此，中标人确定的标准有二，要么为综合评价最高；要么经评审的投标价最低。

总之，招标人或招标代理机构在编制PPP项目招标文件，不仅要顾及PPP项目的特定情形，还需要确保招标文件符合法律、法规的规定，做到依法、合规。

问题10 如何确定合适的资格预审条件？

资格预审条件集中体现在资格审查文件中。资格审查文件是指招标人根据招标项目的要求，在招标公告或者投标邀请书中要求潜在投标人提供的，能够证明其具备参加投标竞争资格条件的文件。

从实务操作的角度来，项目资格审查文件的核心内容包括项目概况、资格审查申请文件、资格审查申请文件格式、资格审查的原则和程序、资格审查标准等方面。以下列举资格审查文件的一般性参考内容及对应内容。在实际操作中应根据项目的具体特点及资格审查方式予以灵活运用。

（1）项目概况。向潜在投标人介绍项目的情况，包括但不限于项目名称、招标人、项目规模、招标内容等。

（2）资格审查申请人需要提交的申请文件。包括公司章程及法律地位证明、项目经验和业绩资料证明、技术能力及管理能力证明、财务能力及实力证明、公司履约记录等。

（3）联合体需要提交的资格审查申请文件。对以联合体形式参与投标竞争的潜在投标人，除要求每一联合体成员均需提交第2条要求提交的申请资料文件，还要明确联合体的牵头人条件及相应的其他要求。

（4）资格审查原则和程序。告知潜在投标人资格审查的原则和程序。

（5）资格审查申请文件的特定格式。告知潜在投标人资格审查申请文件的格式要求。

（6）资格审查标准。包括经验和业绩记录的资格评审标准、技术能力和管理能力的资格评审标准、财务能力和市里的资格评审标准、法律要求的资格评审标准等。

三、政社合作项目采购方式

问题11 政社合作项目采购方式有哪些？

PPP项目采购方式包括公开招标、邀请招标、竞争性谈判、竞争性磋商和单一来源采购。

1. 公开招标

公开招标指招标人在公开媒介上以招标公告的方式邀请不特定的法人或其他组织参与投标，并在符合条件的投标人中择优选择中标人的一种招标方式。

2. 竞争性谈判

竞争性谈判是指采购人或者采购代理机构直接邀请3家以上供应商就采购事宜进行谈判的方式。

3. 邀请招标

邀请招标也称选择性招标，指由采购人根据供应商或承包商的资信和业绩，选择一定数目的法人或其他组织，向其发出招标邀请书，邀请他们参加投标竞争，从中选定中标的供应商。

4. 竞争性磋商

竞争性磋商是指采购人、政府采购代理机构通过组建竞争性磋商小组与符合条件的供应商就采购货物、工程和服务事宜进行磋商，供应商按照磋商文件的要求提交响应文件和报价，采购人从磋商小组评审后提出的候选供应商名单中确定成交供应商的采购方式。

5. 单一来源采购

单一来源采购是指达到了限额标准和公开招标数额标准，但所购商品来源渠道单一，或属专利、首次制造、合同追加、原有采购项目的后续扩充和发生了不可预见的紧急情况不能从其他供应商处采购等情况。

问题 12 政社合作模式的项目一定要走招投标吗？

PPP 模式项目采购的方式有：公开招标、竞争性谈判、邀请招标、竞争性磋商和单一来源采购。当技术复杂或者性质特殊，不能确定详细规格或者具体要求的或是市场竞争不充分的科研项目，以及需要扶持的科技成果转化项目等通常使用竞争性磋商，而当所购商品来源渠道单一，或属专利、首次制造、合同追加、原有采购项目的后续扩充和发生了不可预见的紧急情况时，可以使用单一来源采购。可见，PPP 模式不一定要走招投标。

问题 13 什么是竞争性磋商？ 与传统采购方式相比有何优势？ 竞争性磋商主要包括哪些操作流程？

竞争性磋商是指采购人、政府采购代理机构通过组建竞争性磋商小组（以下简称磋商小组）与符合条件的供应商就采购货物、工程和服务事宜进行磋商，供应商按照磋商文件的要求提交响应文件和报价，采购人从磋商小组评审后提出的候选供应商名单中确定成交供应商的采购方式。竞争性磋商采购方式是财政部首次依法创新的采购方式，核心内容是“先明确采购需求、后竞争报价”的两阶段采购模式，倡导“物有所值”的价值目标。

竞争性磋商与传统采购方式相比具有时间上和评审方式的优势。首先是时间上更为节省，传统采购自招标文件发出之日起至投标人提交投标文件截止之日止，不少于20天，而竞争性磋商为10日。其次是评审方式更为灵活，传统采购方式招标文件一般不允许作出实质性修改，但竞争性磋商可以多轮次谈判中作出修改。再次，最终确定供应商的方式，传统是选取符合要求的报价最低的获得成交，但竞争性磋商的两阶段评审中第二阶段是对响应文件进行综合评分，并根据综合评分情况决定最终供应商。最后，对于那些政府只能提出结果、目标，而对于服务过程、服务方式、服务质量评价还无法确定的政府采购项目，竞争性磋商可以通过协商机制挑选供应商，以充分适应当前政府采购的需求。

竞争性磋商的基本程序主要包括采购事项申请、邀请供应商、制作并发售竞争性磋商文件、提交响应文件、组建磋商小组、与供应商进行磋商、综合评分、确定成交供应商、公告成交结果、签订政府采购合同等环节。

问题14　竞争性磋商和竞争性谈判有何异同?

竞争性磋商与竞争性谈判都是PPP采购方式之一，两者的共同点主要体现在：（1）竞争性磋商与竞争性谈判都属于竞争性采购。（2）在“明确采购需求”阶段，二者关于采购程序、供应商来源方式、磋商或谈判公告要求、响应文件要求、磋商或谈判小组组成等方面的要求基本一致。（3）两种采购方式中，往往采购人不能准确提出采购需求。在多轮谈判或磋商中，谈判小组或磋商小组根据供应商的初步响应，适时调整需求，使得调整后的需求更加符合项目要求。

两者的不同点主要包括：

（1）适用范围不同。①招标后没有供应商投标或者没有合格标的，或者重新招标未能成立的情形。这种情形下，应当选择竞争性谈判采购方式。如果采购项目符合竞争性磋商采购方式适用的五种情形之一时，也可以选择竞争性磋商采购方式。②非采购人所能预见的原因或者非采购人拖延造成采用招标所需时间不能满足用户紧急需要的情形。这种情形下，应当采用竞争性谈判方式，而不宜采用竞争性磋商方式。③政府购买服务项目和市场竞争不充分的科研项目，以及需要扶持的科技成果转化项目。这类项目应优先采用竞争性磋商采购方式。

（2）确定成交的标准不同。竞争性谈判确定成交采用类似于最低评标价法的标准，即响应文件满足谈判文件全部实质性要求且最后报价最低的供应商成交；而竞争性磋商确定成交采用综合评分法，即响应文件满足磋商文件全部实质性要求且按评审因素的量化指标评审得分最高的供应商成交。采用竞争性谈判方式的，谈判结束后，谈判小组从质量和服务均能满足采购文件实质性响应要求的供应商中，按照最后报价由低到高的顺序提出 3 名以上成交候选供应商；采用竞争性磋商方式的，磋商完成后，磋商小组按照评审得分由高到低的顺序推荐 3 名以上成交候选供应商。

（3）程序上的差别。①公告内容要求有区别。竞争性谈判的公告内容法规没有规定，但是竞争性磋商的公告内容有规定。②谈判文件和磋商文件发售期有区别。竞争性谈判项目，法律对谈判文件发售期未作规定；竞争性磋商项目，磋商文件的发售期限自开始发售之日起不得少于 5 个工作日。③提交响应文件截止时间有区别。竞争性谈判项目，从谈判文件发出之日起至供应商提交首次响应文件截止之日止，不得少于 3 个工作日；竞争性磋商项目，从磋商文件发出之日起至供应商提交首次响应文件截止之日止，不得少于 10 日。④谈判文件和磋商文件的澄清和修改有区别。竞争性谈判项目，澄清或者修改的内容可能影响响应文件编制的，采购人应当在提交首次响应文件截止之日 3 个工作日前，以书面形式通知所有接收谈判文件的供应商。不足 3 个工作日的，应当顺延提交首次响应文件截止日；竞争性磋商项目，澄清或者修改的内容可能影响响应文件编制的，采购人应当在提交首次响应文件截止时间至少 5 日前，以书面形式通知所有获取磋商文件的供应商。不足 5 日的，应当顺延提交首次响应文件截止时间。⑤供应商的数量可以为 2 家的情形有区别。两者适用情形不同：竞争性谈判项目，公开招标项目提交投标文件或经评审实质性响应招标文件要求的供应商只有 2 家，经财政部门批准后改为竞争性谈判的，提交最后报价的供应商和谈判小组推荐成交供应商的数量可以为 2 家；竞争性磋商项目，属于市场竞争不充分的科研项目以及需要扶持的科技成果转化项目的，提交最后报价的供应商和磋商小组推荐成交供应商的数量可以为 2 家。⑥谈判小组和磋商小组有区别。竞争性谈判项目，谈判小组由采购人代表和评审专家共 3 人以上单数组成，达到公开招标数额标准的货物或者服务采购项目，或者达到招标规模标准的政府采购工程，谈判小组应当由 5 人以上单数组成。竞争性磋商项目，磋商小组由采购人代表和评审专家共 3 人以上单数组成。

问题 15　为什么说竞争性磋商是政社合作项目的主要采购方式？

PPP 在采购需求、采购方式、合同管理、履约验收、绩效评价等方面存在一定特殊性，需要在政府采购现行法律框架下，作出创新和针对性的制度安排，因此政府才推出竞争性磋商作为政府采购的一种方式。它具备以下特点，使其成为 PPP 的主要采购方式：

1. 可在较短时间内完成采购

从磋商文件发出之日起至供应商提交首次响应文件截止之日止最短只需要 10 日；澄清或者修改的内容可能影响响应文件编制的，在提交首次响应文件截止时间至少5日前。

2. 可以通过磋商明确采购需求

采购文件应包含“磋商过程中可能实质性变动的内容”、“在磋商过程中，磋商小组可以根据磋商文件和磋商情况实质性变动采购需求中的技术、服务要求以及合同草案条款”。

3. 可以两阶段磋商

第一阶段：确定最终采购需求方案。评审小组可以与社会资本进行多轮谈判，谈判过程中可实质性修订采购文件的技术、服务要求以及合同草案条款，但不得修订采购文件中规定的不可谈判核心条件。实质性变动的内容，须经项目实施机构确认，并通知所有参与谈判的社会资本。第二阶段：综合评分。最终采购需求方案确定后，由评审小组对社会资本提交的最终响应文件进行综合评分，编写评审报告并向项目实施机构提交候选社会资本的排序名单。

4. 采用综合评分法

综合评分法是指投标文件满足招标文件全部实质性要求且按照评审因素的量化指标评审得分最高的供应商为中标候选人的评标方法。这种方式可以更加完整得考察投标人的综合实力，综合能力和信誉，比较适合于PPP采购项目。

在目前PPP项目数量多，投资金额巨大，政府推进急促的情况下，需要在较短时间内，通过充分协商谈判，确定采购需求，同时，PPP项目的中标候选人应该是综合实力最强，综合能力最高和信誉最好的社会资本。通过上述对公开招标、竞争性谈判、竞争性磋商三种采购方式的比较，竞争性磋商的采购方式最能满足PPP项目对采购方式的要求，在选择PPP项目的采购方式时就应主要考虑采用竞争性磋商的采购方式。

问题 16　对于竞争性谈判/竞争性磋商采购方式而言，参与采购程序的社会资本是否可以低于三家？

竞争性谈判项目和竞争性磋商项目，在提交最后报价和推荐成交供应商阶段，要求供应商数量一般都应当满足 3 家以上，特殊情况下供应商数量可以为 2 家。但两者适用情形不同：竞争性谈判项目，公开招标项目提交投标文件或经评审实质性响应招标文件要求的供应商只有 2 家，经财政部门批准后改为竞争性谈判的，提交最后报价的供应商和谈判小组推荐成交供应商的数量可以为 2 家；竞争性磋商项目，属于市场竞争不充分的科研项目以及需要扶持的科技成果转化项目的，提交最后报价的供应商和磋商小组推荐成交供应商的数量可以为 2 家。

问题 17　单一来源采购程序适用的条件是什么？ 如何对政社合作项目实施单一来源采购？

单一来源采购程序的适用条件是：

（1）只能从唯一供应商处采购的；（2）发生了不可预见的紧急情况不能从其他供应商处采购的；（3）必须保证原有采购项目一致性或者服务配套的要求，需要从原供应商处添购，且添购资金总额不超过原合同采购金额 10%。

单一来源采购程序的实施步骤：

1. 申请

采购人根据有关法律法规和《政府采购目录和限额标准》的规定，提出拟采用单一来源采购方式的申请。采购人申请前，应对采购项目拟选择采用单一来源采购方式进行公示，供应商无异议或供应商提出异议后，采购人答复后供应商未再次提出异议，书面报政府采购监督管理部门审核。

2. 论证

采用单一来源采购方式专家论证由采购人组织。特殊情况政府采购监管部门也可直接组织专家论证或者委托第三方组织专家论证。专家组应当由三人及以上的单数组成，专家成员应当从政府采购专家库中抽取，采购人不得参与项目论证。

3. 公示

申请采用单一来源采购方式实行公示制。除涉及国家安全和秘密的采购项目外。公告经政府采购监管部门进行符合性审查后，在政府采购监管部门指定的媒体上发布。供应商对拟采用单一来源采购方式有异议的，应在公示期内，采取实名制书面形式向采购人提出质询，同时将质询文件抄送政府采购监管部门。

4. 审批

政府采购监管部门对采购人申请采用单一来源采购方式的文件审核后，依据专家论证的意见和公示结果决定是否批复下达《政府采购执行确认书》，或对申请变更采购方式进行审批。

5. 执行

包括：采购人与采购代理机构签订委托代理协议；成立采购小组和编制单一来源采购文件；发出谈判邀请和组织采购谈判；确定成交供应商；发布采购成交结果公告和发出成交通知书。

6. 验收

采购人按规定负责组织验收。

问题 18　政社合作项目采购环节是否可以一次招标而非二次招标？一次招标的基础、前期工作程度是什么？

根据《招标投标法实施条例》第九条第 1 款第（三）项规定，已通过招标方式选定的特许经营项目投资人依法能够自行建设、生产或者提供的，可以不进行招标。据此，通过招标方式选定的 PPP 项目投资人自身具备承包资质的，承接工程承包任务时依法可以不用招标。

但实践中，经常会出现另外两种情形：第一种情形：投资人自身不具备相应资质，与设计、施工单位组成联合体参与投标（联合体本身并不参与投资），不参与投资的联合体成员能否当然承接项目本身的承包任务？第二种情形：项目本身因种种原因未选用招标方式而选用了竞争性磋商等采购方式，这种情形下，有资质的投资人（或者没有资质的投资人与其他有资质的联合体成员）在中选后能否不经二次招标，直接承接项目本身的承包任务？

第一种情形，也被称为“两标并一标”，尽管没有明文规定，但因为投资人招选采用了招标方式，而承包商选定遵循的也是招投标程序规定，程序的相同，让“并标”有了理论上的可能。实践中这一做法也较容易获得所在地主管部门的认同。但第二种情形在实践中一直未能突破。

多数认为，非招标方式采购方式下，若 PPP 项目投资人自身有承包资质或其联合体成员有承包资质，也可以不经二次招标直接承接项目承包任务。

从事前资质准入把关审查的角度讲，政府在通过竞争性方式招选 PPP 社会资本的过程中，通过对投资人一并提交的承包商承包资质等文件的审查已经达到了其监管目的。政府在对社会资本进行招选过程中，若要强调社会资本（包括投资人和承包商组成的联合体）的承包能力，在社会资本资格条件中设置相应的资质、业绩等条件即可，在对社会资本投融资等实力和能力进行审查的同时，一并对其建设管理资格和能力进行审查把关。

四、规范政社合作项目采购

问题 19 如何应对政社合作项目低价中标？

在 PPP 项目招投标中，有个别社会资本以低价竞标。社会资本低价中标后，可能会在项目建设过程中要求政府增加支付或补贴等，甚至会降低项目建设、运营质量。为应对社会资本低价中标 PPP 项目现象，应采取以下措施：

一是对 PPP 项目进行评标，应综合公共服务建设、运营、维护质量与报价等情况，选择性价比最优的合作方，而不是单纯地比较中标的价格。对社会资本以低于正常价格竞标，需要说明其低价竞标的商业模式。

二是强化 PPP 合同履约管理。对中标的 PPP 项目，要强化 PPP 合同履约管理，防止社会资本以低价中标后在履行 PPP 合同时要求政府增加支付或补贴的行为出现。另外，以低价中标的社会资本且能说明其商业模式，在签订 PPP 项目合同时，需要缴纳保证金作为履约承诺。

问题 20 如何平衡好政社合作项目对社会资本设立条件与维持政社合作项目之间的竞争性关系？

平衡好 PPP 项目对社会资本设立条件与维持 PPP 项目竞争性关系需要注意以下几点：

一是对 PPP 项目设置招标条件时，要对社会资本设立一定的资质、规模等条件，减少招投标和政府采购成本。

二是不能对社会资本参与 PPP 项目过分设置一些个性条件，防止社会资本“围标”和竞争不充分出现。平衡好 PPP 项目对社会资本设立条件与维持 PPP 项目竞争性关系的理想状态是，尽可能让社会资本经历竞争过程，充分发挥竞争效率，又不需要付出较高的招投标和政府采购成本。

问题 21 如何破除政社合作项目采购中的地方保护主义行为？

调研发现，部分地方政府对有长期稳定现金流的 PPP 项目，倾向于让本地国有企业参与，实施地方保护主义。PPP 项目采购中的地方保护主义，没有经历社会资本充分竞争过程，既不利于公共服务质量提高，也不利于降低财政和使用者付费价格。因此，要对 PPP 项目采购中的地方保护主义予以破除。破除 PPP 项目采购中的地方保护主义，建议采取以下措施：

一是所有地方政府采购 PPP 项目应提前在全国 PPP 综合信息平台和政府采购信息平台上发布 PPP 项目信息，让社会资本能充分准备参与 PPP 项目招投标。

二是尽可能减少专门针对本地社会资本设立的招投标或采购条件。

三是 PPP 项目采购过程中尽可能公开、公正、透明、平等，让外地的社会资本充分参与竞争。

第十三章 政府和社会资本合作项目定价与付费机制

政府和社会资本合作项目定价与付费机制关系到政府、社会资本、使用者的直接利益，需要结合项目所涉的行业、运作方式等实际情况，因地制宜地设置合理的付费机制。目前，主要有政府付费、使用者付费和可行性缺口补助三种付费机制，今后应积极鼓励第三方付费方式，增加社会资本进入的动力。

一、政社合作项目付费机制概述

问题 1　政社合作项目主要有哪些付费机制？

PPP 项目的付费机制约定了 PPP 项目中的风险分配和收益回报。对于 PPP 项目来说，合理的付费机制，能够对政府和社会资本双方都能起到良好的激励和约束作用。在我国 PPP 实践中，根据各方的合作预期和承受能力，结合项目所涉的行业、运作方式等实际情况，因地制宜地设置合理的报酬机制。目前主要的报酬机制主要包括三类：政府付费、使用者付费和可行性缺口补助。

一是政府付费，是指政府通过直接付费购买公共服务。在政府付费机制下，政府依据项目设施的可用性、公共服务的使用量以及质量向项目公司付费。

二是使用者付费，是指由最终消费用户直接付费购买公共服务。社会资本向使用公共服务的用户收取费用，以回收项目的建设和运营成本并获得合理收益。

三是可行性缺口补助，是指使用者付费不足以满足项目公司成本回收和合理回报时，由政府给予项目公司一定的经济补助，以弥补使用者付费之外的缺口部分。可行性缺口补助是在政府、使用者付费机制之外的一种折中选择。在我国实践中，可行性缺口补助的形式通常包括土地划拨、投资入股、投资补助、优惠贷款、贷款贴息、放弃分红权、授予项目相关开发收益权等其中的一种或多种。

问题 2　设计政社合作项目付费机制的基本原则是什么？

付费机制直接关系到 PPP 项目的风险分配和收益回报，在实践中需要根据各方的合作预期和承受能力，结合项目所涉的行业、运作方式等实际情况，因地制宜地设置合理的报酬机制，防止任何一方过分受损或超额获益。一般而言，在设置报酬机制时首先需要遵循以下基本原则：

一是公平原则。政府和社会资本作为平等的合作方，报酬机制设计要体现出双方在合作过程中的平等地位。

二是合理原则。报酬机制设计既要与合作各方投入的成本、承担的风险相匹配，又要考虑到物有所值和财政承受能力。在采用政府付费和可行性缺口补助机制的 PPP 项目中，要考虑到财政承受能力。因为财政承受能力关系到政府是否有能力付费。

三是激励相容原则。报酬机制设计既要能够促进社会资本积极履行合同义务，满足其参与的约束条件，又要能够促进社会资本有积极性提供更多、更好的公共服务。

四是公开透明原则。社会资本报酬机制设计要通过公开透明的决策机制来解决。公开透明，让更多的社会资本参与 PPP 项目的运作，让社会资本的回报率更接近市场回报率；让社会各方面对 PPP 项目的运作更加有效的监督。

五是动态可调整原则。由于 PPP 项目的期限较长，为了应对 PPP 项目实施过程中可能发生的形势变化，应根据条件、环境等变化及时调整完善报酬机制。

六是方便项目操作。设立项目报酬机制，需要考虑对项目融资等方面的便利性。比如：对于需要由项目公司进行融资的 PPP 项目，在设置报酬机制时还需考虑该付费机制在融资上的可行性以及对融资方的吸引力。PPP 项目所提供的公共服务的数量和质量是否可以准确计量，决定了其是否可以采用使用量付费和绩效付费方式。因此，在一些公用设施类和公共服务类 PPP 项目中，如供热、污水处理等，需要事先明确这类项目产出的数量和质量是否可以计量以及计量的方法和标准，并将上述方法和标准在 PPP 项目合同中加以明确。

问题 3 政社合作项目付费机制主要有哪些创新方式？

综合国内外 PPP 项目报酬机制，主要有以下几种创新方式：

一是第三方付费方式。第三方付费是指由 PPP 项目中的使用者、政府之外的主体付费。比如：PPP 项目公司在提供公共服务时，可能会附带生产出更具经营性的副产品（如广告、建筑作品知识产权的授权使用），社会资本经营这些副产品，由这些副产品的使用者付费，以此弥补公共服务提供的成本。

二是探索综合性 PPP 项目跨领域补贴的付费方式。积极探索综合性的 PPP 项目，将公共服务与具有商业价值的项目捆绑开发，以具有商业价值的项目的收益补贴公共服务建设、运营。比如：香港地铁公司（简称“港铁”）的盈利模式可总结为“轨道交通 + 地产商业”的组合。具体操作方式是：政府在实施 PPP 项目时，将基础设施或公用事业项目（比如地铁、隧道、环境治理等）周边一定数量的资源（如土地、旅游、矿产等）的开发权或经营权让渡给 PPP 项目公司作为对价。以捆绑方式提高项目公司的整体盈利能力，即所谓的资源补偿，以确保社会资本获取合理回报，调动投资者的积极性。这种模式在我国面临的最棘手问题是土地等公共资源通常需要通过公开出让方式取得，捆绑或补偿方式的面临着法律法规的约束。

三是延伸产业链探索跨环节补贴的付费方式。政府授权社会资本对 PPP 项目的潜在的价值进行开发，比如：当 PPP 项目供给的基础设施或公用事业建成后，需相应的配套服务才能正常运转时，政府可授权 PPP 项目公司提供这种可以产生预期收益的配套服务（如餐饮、物业、绿化等）。

问题 4　怎样建立和完善合理的政社合作项目投资回报机制？

一是由市场竞争确定社会资本的报酬。按照十八届三中全会“使市场在资源配置中起决定性作用和更好地发挥政府作用”要求，让市场决定社会资本在 PPP 项目中获得的报酬。通过招投标、采购程序，让社会资本充分竞争 PPP 项目，确定项目的报酬。通过招投标、采购的竞争，有助于形成合理的社会资本报酬，防止社会资本在 PPP 项目获得过高的报酬率。当然，也需要防止社会资本在 PPP 项目获得过低的报酬率。

二是充分考虑 PPP 项目所在的行业、区域等实际情况。PPP 项目建设、运营、维护等成本高低，与其所在的行业、区域、时期紧密相关。因此，确定社会资本在 PPP 项目中的报酬时，要充分考虑其所在的行业、区域等实际情况。当然，可以参考社会资本在全国其他地区同类 PPP 项目中的报酬率。

三是要坚决杜绝政府对 PPP 项目以各种非理性担保或承诺、过高补贴或定价。在实践中，避免政府对 PPP 项目通过固定回报承诺、明股实债等方式进行变相融资。

问题 5 政府是否应对使用者付费的政社合作项目的收益进行兜底？

影响政府和社会资本合作中的一个重要因素是社会资本对未来收益的不确定性预期。促进政府和社会资本合作，应降低社会资本对未来收益的不确定性预期。比如：当市场需求低迷时，政府有必要进行最低需求保障，即进行最低购买量担保，这是政府对项目收益的直接保证。政府对使用者付费的 PPP 项目进行兜底的最大作用在于，降低社会资本对未来收益的不确定性预期。若政府兜底的支出未列入预算，政府可通过无偿划拨土地，提供优惠贷款、贷款贴息，投资入股，放弃 PPP 项目公司中股东的分红权，以及授予项目周边的土地、商业等开发收益权等方式，有效降低项目的建设、运营成本，提高项目公司的整体收益水平。

需要说明的是，政府对使用者付费的 PPP 项目进行兜底，不是承诺给社会资本“固定回报”和“变相融资安排”。政府付费的 PPP 项目，政府一般对收益不予兜底。

二、政府付费

问题 6 政府付费的适用范围？

政府付费通常适用于不直接向终端用户提供服务的终端型基础设施和公共服务类项目，如市政污水处理厂、垃圾焚烧发电厂等，或者不具备收益性的基础设施项目，如非收费公路、河道治理等。

问题 7 政府付费的形式有哪些？

政府付费的具体形式主要有三种：可用性付费、使用量付费和绩效付费。其中：

可用性付费，是指政府依据项目公司所提供的项目设施或服务是否符合合同约定的标准和要求来付费。

使用量付费，是指政府主要依据项目公司所提供的项目设施或服务的实际使用量来付费。

绩效付费，是指政府依据项目公司所提供的公共服务的质量付费，通常会与可用性付费或者使用量付费搭配使用。

根据项目类型和风险分配方案的不同，政府付费机制下，政府通常会依据项目的可用性、使用量和绩效中的一个或多个要素的组合向项目公司付费。

问题 8　不同政府付费方式的适用条件是什么？

在具体 PPP 项目实践中，政府按照 PPP 项目是否满足政府要求的条件选择不同的付费模式。

1. 可用性付费的条件

在按照可用性付费的项目中，政府更关注该项目设施或服务的可用性。相对于项目公司，政府对于项目设施或服务的需求更有控制力，并且政府决定承担需求风险。例如，在教育 PPP 项目中，政府负责向各学校分配生源，能够掌控学校设施的使用量，因此，政府可基于学校设施的可用性向项目公司付款，而不考虑实际的学生人数。

2. 使用量付费的条件

在按使用量付费的项目中，项目的需求风险通常主要由项目公司承担。因此，在按使用量付费的项目中，项目公司通常需要对项目需求有较为乐观的预期或者有一定影响能力。实践中，污水处理、垃圾处理等部分公用设施项目较多地采用使用量付费。

3. 绩效付费的条件

在按绩效付费的项目中，政府与项目公司通常会明确约定项目的绩效标准，并将政府付费与项目公司的绩效表现挂钩，如果项目公司未能达到约定的绩效标准，则会扣减相应的付费。

问题9 如何对不同的政府付费方式进行设置？

在整个政府付费模式的PPP项目实践中，最重要、最核心的部分是付费模式的具体设置。

1. 可用性付费方式的具体设置

（1）基本原则。可用性付费的基本原则就是在符合我国法律强制性规定的前提下，直至项目设施已建成且全面服务可用时（通常是项目开始运营时）才开始付款。但也存在一些例外，比如改造项目，有可能改造的同时也需要项目公司继续提供服务，在这种情形下，政府可能需要就项目公司继续提供的服务支付一定费用。

在按可用性付费的项目中，通常在项目开始时就已经确定项目公司的投资成本，在项目开始运营后，政府即按照原先约定的金额向项目公司付款，但如果存在不可用的情形，再根据不可用的程度扣减实际的付款。

（2）核心要素：可用与不可用的界定。可用性付费的核心要素就是要明确界定项目在什么情况下为“可用”，什么情况下为“不可用”。

在PPP项目合同签订之前，双方应当尽早确定“不可用”的认定标准。在设定“不可用”标准时，通常需要考虑以下因素：

一是该标准是否客观，即是否符合项目的实际情况和特点，是否可以测量和监控等。

二是该标准是否合理，即是否超出项目公司的能力范围，是否为实施本项目所必需等。

（3）其他要素。除了“可用”与“不可用”的界定外，在设置可用性付费时，还需要考虑其他要素，例如：

一是不同比例扣减机制的设置。公共服务不可用所导致的经济后果通常由该公共服务的重要程度决定。例如，在医疗服务设施项目中，手术室中的灯比走廊上的灯更为重要，因此，手术室灯不亮而扣减的金额也应当更高。设置不同比例扣减机制可以促使项目公司优先保证更为重要的公共服务的可用性。

二是宽限期的设置。在出现“不可用”的情形时，PPP 项目合同中通常会给予项目公司一个宽限期，只有在该宽限期内项目公司仍然没有纠正该“不可用”情形的，可用性付费才会被扣减，如果在该期限内项目公司作出了有效补救，则可用性付费不会受到影响。

此外，在一些 PPP 项目合同中，也可能设置多次扣减的机制。如果在宽限期结束时项目公司未能纠正不可用情形，政府将根据合同约定的比例扣减相应付费；如果该不可用情形在宽限期结束后又持续了一定时期，则可能导致政府对付费的进一步扣减。这种机制主要是为了确保项目公司能够尽快恢复正常的设施或服务供给。但在设置这种多次扣减机制时，需要注意掌握尺度，因为其会使付费机制变得非常复杂。

三是不可用设施或服务仍需使用的情形下的处理。在一些特定情形下，即使某些服务或设施没有达到可用性要求，政府仍然需要使用。在这种情形下，政府可考虑以下两种处理方式：一是如果政府的使用将导致项目公司无法纠正部分设施或服务的问题，则可以将受政府使用影响的部分服务或设施视为具有可用性；二是仅扣减部分、而非全部比例的政府付费。

四是计划内暂停服务的认定。为避免争议，政府和项目公司应当在合同中明确约定计划内的暂停服务是否认定为不可用，通常情况下计划内的暂停服务应作为不可用的例外情形。

（4）豁免事由。并非所有不可用情形出现，均会影响政府付费，在 PPP 项目合同中通常会约定一些豁免事由，对于因发生豁免事由而导致出现不可用情形的，不构成项目公司违约，仍可按照合同约定的金额获得政府付费。常见的豁免事由包括：政府可以提供合适的替代性服务（须由政府决定）；项目设施或服务在不可用期间内本就未计划使用；政府违约；政府提出的变更等等。

需要特别强调的是，尽管按可用性付费的项目对项目公司而言，风险更低、可融资性更高，但政府转移给项目公司的风险也相对有限。同时，相对于使用者付费项目和按使用量付费的项目，单纯按可用性付费的项目缺乏有效的收益激励机制，通常只能通过项目公司报告或政府抽查的方式对于项目进行监控，监控力度较弱，难以保证项目随时处于可用状态。因此，必要时可用性付费需要与绩效付费或使用量付费搭配使用。

2. 使用量付费方式的具体设置

（1）基本原则。使用量付费的基本原则就是由政府（而非使用者）依据项目设施或服务的实际使用量向项目公司付费，付费多少与实际使用量大小直接挂钩。

（2）分层级付费机制。在按使用量付费的 PPP 项目中，双方通常会在项目合同签订前根据项目的性质、预期使用量、项目融资结构及还款计划等设置分层级的使用量付费机制。

政府可以将使用量付费分为几个层级，包括“最低使用量”和“最高使用量”层级。

最低使用量：即政府与项目公司约定一个项目的最低使用量，在项目实际使用量低于最低使用量时，不论实际使用量多少，政府均按约定的最低使用量付费。最低使用量的付费安排可以降低项目公司承担实际需求风险，给社会资本一个明确、稳定的预期，提高社会资本参与 PPP 项目的积极性。

最高使用量：即政府与项目公司约定一个项目的最高使用量，在实际使用量高于最高使用量时，政府对于超过最高使用量的部分不承担付款义务。最高使用量的付费安排为政府的支付义务设置了一个上限，可以有效防止政府因项目使用量持续增加而承担过度的财政风险。

3. 绩效付费方式的具体设置

（1）设定绩效标准。政府和项目公司应当根据项目的特点和实际情况在 PPP 项目合同中明确约定适当的绩效标准。设定绩效标准时，通常需要考虑绩效标准是否客观、合理。即是否符合项目的实际情况和特点，是否可以测量和监控等；是否超出项目公司的能力范围，是否为实施本项目所必需等。

（2）绩效监控机制。在按绩效付费的项目中，通常会专门编制绩效监控方案并将其作为 PPP 项目合同的附件，以明确项目公司的监控义务、政府的监控措施以及具体的绩效标准。

（3）未达到绩效标准的后果。为了对项目公司形成有效约束，PPP 项目合同中通常会明确约定未达到绩效标准的后果，具体包括：

一是扣减政府付费。PPP 项目合同中通常会根据设施或服务在整个项目中的重要程度以及未达到绩效标准的情形和影响程度分别设置相应的政府付费扣减比例。在实践中可能存在“递进式”的扣款机制：即对于首次未达到绩效标准的情形，仅进行警告或少量扣款，但如果该情形在某段时期内多次发生，则会逐渐增加对于该情形的扣款比例，以促使项目公司及时采取补救措施。

二是合同终止。如果长期或者多次无法达到绩效标准，或者未达到绩效标准的情形非常严重，还有可能构成严重违约从而导致合同终止。

问题 10　如何确定政府付费政社合作项目的基准收益率？

基准收益率的确定需考虑资金结构与资金成本、项目投资期、风险报酬以及通货膨胀等因素。目前，国内有专家建议我国政府付费的 PPP 项目的基准收益率暂定为 6%～8%，但由于不同行业的 PPP 项目的项目生命周期、所处的区位等因素均有较大差异，所以在确定项目基准收益率时必须对不同行业有所区分。需要指出的是，政府付费项目的基准收益率应随国债利率、银行贷款利率、通货膨胀以及 PPP 项目市场竞争程度变化而变化。

三、使用者付费

问题 11 使用者付费的适用范围？

在 PPP 项目实践中，使用者付费方式通常用于项目可经营性和直接向最终用户提供服务且在技术上向使用者收费可行的公共服务项目，如市政供水、城市管道燃气、高速公路等。

问题 12 使用者付费有哪些适用条件？

PPP 项目是否适合采用使用者付费机制，通常需要结合项目特点和实际情况进行综合评估。适合采用使用者付费机制的项目通常需要具备以下条件：

1. 项目使用需求可预测

项目需求量是社会资本进行项目财务测算的重要依据，项目需求量是否可预测以及预测需求量的多少是决定社会资本是否愿意承担需求风险的关键因素。社会资本只有一定程度上确定可以通过使用者付费收回投资成本，并且获得合理收益的情形下，才有参与 PPP 项目的动力。

2. 向使用者收费具有实际可操作性

在一些 PPP 项目中，项目公司向使用者收费可能并不实际或者并不经济。例如，在采取使用者付费机制的公路项目中，如果公路有过多的出入口，使得车流量难以有效控制时，将会使采取使用者付费机制变得不具有成本效益，而丧失实际可操作性。

3. 符合法律和政策的规定

根据相关法律和政策规定，政府可能对于某些项目实行政府定价或者政府指导价，如果按照该价格无法保障项目公司回收成本并获得合理收益，则无法适用使用者付费机制，但可以考虑采用可行性缺口补助机制。另外，需要考虑政府相关政策变化。

问题 13 使用者付费的定价方式包括哪些？

在我国现行的 PPP 项目实践中，使用者付费的定价方式主要包括：根据《价格法》等相关法律法规及政策规定确定，或由双方在 PPP 项目合同中约定；或由项目公司根据项目实施时的市场价格定价。其中，除了最后一种方式是以市场价为基础外，对于前两种方式，均需要政府参与或直接决定有关 PPP 项目的收费定价。

问题 14 政府参与使用者付费定价需要考虑哪些因素？

对于使用者付费的 PPP 项目，涉及很多使用者和公共服务，因此，需要政府参与定价或对价格进行指导。在定价过程中，政府参与定价需要考虑以下几种因素：

一是需求的价格弹性。需求的价格弹性是指公共服务需求量对公共服务价格变动的敏感程度。一旦公共服务收费价格上涨，可能会导致其使用量的下降，可能会使得项目亏损。因此需要充分考虑到公共服务需求的价格弹性。

二是项目公司的盈利目标。综合考虑项目的实施成本、项目合作期限、预期使用量等因素，收费定价能否使项目公司获得合理的收益。

三是项目本身的目标。即能否实现项目预期的社会和经济效益。

四是有关定价是否超出使用者可承受的合理范围（具体可以参考当地的物价水平）。

五是是否符合法律法规的强制性规定。

问题 15 政府参与使用者付费定价包括哪些方式？

在 PPP 实践中，政府参与使用者付费的定价通常可以采取以下几种具体方式：

一是行业统一定价。由政府设定该级政府所辖区域内某一行业的统一价。由于该种付费定价方式无法因具体项目而调整，如果社会资本在提交响应文件时测算出有关使用费定价无法覆盖其成本，则通常允许其要求政府提供一定的补贴。

二是行业最高限价。由政府设定该级政府所辖区域内某一行业的最高价。在具体项目中，项目公司仅能够按照该最高价或者低于该最高价的价格进行财务评估，如果社会资本在提交响应文件时测算出即使采用最高价也无法使其收回成本时，则通常允许其要求政府提供可行性缺口补助。

三是项目具体定价。由政府和社会资本双方在 PPP 项目合同中约定具体项目收费的价格。

四是项目最高限价。由政府和社会资本双方在 PPP 项目合同中约定具体项目收费的最高价。

此外，在一些 PPP 项目中，双方还有可能约定具体项目收费的最低价，实际上将 PPP 项目的部分建设和运营成本直接转移给使用者承担。

四、可行性缺口补贴

问题 16　可行性缺口补贴模式的设计目的是什么？

政府对 PPP 项目进行补贴期望实现以下目标：

一是通过财政补贴保障 PPP 项目投资人合理回报，满足参与 PPP 项目的社会资本的激励相容条件，提高社会资本参与 PPP 项目的积极性。

二是促进社会资本按照合同约定提供服务，防止社会资本因考虑盈利因素而影响公共服务质量。

问题 17　可行性缺口补贴模式的设计应遵循哪些原则?

在确定适用可行性缺口补贴模式的过程中，必须坚持以下原则：

一是确定原则。补贴模式应经政府和社会资本双方达成一致，在 PPP 协议中应清晰订立，不应有模糊和歧义，避免执行中的争议。

二是激励原则。补贴应与项目产出说明中的服务标准和绩效水平挂钩。实施有奖励和惩罚的补贴机制，才能有效促进 PPP 项目投资人的服务水平与质量。

三是量化原则。PPP 项目的服务水平应尽可能得到量化，且政府有能力对其进行持续的计量、跟踪与评价，并且能恰当的反映到补贴计量模型中。

四是可变原则。补贴模式不是一成不变的，政府和投资人在 PPP 项目实施过程中应定期评估现行补贴方式的合理性和适用性，必要时对补贴数量、方式等进行动态调整。

问题 18　可行性缺口补贴模式主要有哪些方式?

在我国实践中，可行性缺口补助的形式多种多样，主要包括：

一是投资补助。在项目建设投资较大，无法通过使用者付费完全覆盖时，政府可无偿提供部分项目建设资金，以缓解项目公司的前期资金压力，降低整体融资成本。通常政府的投资额应在制定项目融资计划时或签订 PPP 项目合同前确定，并作为政府的一项义务在合同中予以明确。投资补助的拨付通常不会与项目公司的绩效挂钩。

二是价格补贴。在涉及民生的公共服务领域，为平抑公共服务的价格水平，保障居民的基本社会福利，政府通常会对特定服务实行政府定价或政府指导价。如果因该定价或指导价较低导致使用者付费无法覆盖项目的成本和合理收益，政府通常会给予项目公司一定的价格补贴。

此外，政府还可通过无偿划拨土地，提供优惠贷款、贷款贴息，投资入股，放弃项目公司中政府股东的分红权，以及授予项目周边的土地、商业等开发收益权等方式，有效降低项目的建设、运营成本，提高项目公司的整体收益水平，确保项目的商业可行性。

问题 19 适用可行性缺口补贴模式主要有哪些条件？

可行性缺口补贴模式通常用于可经营性和财务效益相对较差、直接向终端用户提供服务但收费无法覆盖投资和运营回报的基础设施或公共服务项目，如医院、学校、保障房、交通流量不足的收费公路等。

问题 20 如何对可行性缺口补贴模式进行管理？

由于对可行性缺口补贴的标准不易确定，尤其是调价机制不确定性更强，所以，应对可行性缺口补贴进行管理，避免出现补贴不足或过度补贴。一旦政府和社会资本合作发生，如果补贴不足，社会资本为了盈利，有可能影响 PPP 项目的质量；如果过度补贴，没有达到实施 PPP 模式能降低财政支出效果。因此，有必要对可行性缺口补贴模式进行管理，可采取以下措施：

一是充分发挥政府和社会资本签订 PPP 项目合同的约束作用。在政府和社会资本在签订 PPP 项目合同之前，通过综合考虑融资来源、适当的费率结构与费率水平、补贴的设计与使用等因素，在合同中就补贴的标准、时限、方式、覆盖范围等作出规定，并明确相关的调价机制和管控机制。

二是政府与社会资本之间应进行充分协商。如果 PPP 项目实施后，经济、社会形势发生了较大的变化，且 PPP 合同事先没有约定，出现补贴不足。为维系、促使政府与社会资本合作，社会资本与政府就财政补贴数额、方式等应进行协商。

三是加强对补贴的监管。在 PPP 项目中，为规范可行性缺口补贴模式运作，在项目合同签订时，需要引入第三方对补贴进行评估，并对 PPP 项目合同结果向社会公示；在项目执行过程中和进行调价时，除政府和社会资本参与外，还要有第三方机构、政府其他监管部门和社会公众参与，将有关信息公开，接受人大、监管审计部门和社会公众的监督，确保不出现因过度补助而导致的国有资产、财政资金流失、甚至权力寻租等行为。

五、第三方付费

问题 21　为什么要鼓励探索第三方付费模式？

目前，PPP 项目付费主要有使用者付费、政府付费和可行性缺口补贴这三种模式。为了加快推进 PPP 发展，应积极探索由政府、社会资本之外的第三方对 PPP 项目付费，其意义在于：

一是创新 PPP 项目付费模式。在 PPP 实践中，PPP 项目是公共资源，项目本身具有一定的商业开发价值。将 PPP 项目资源所具有的商业价值开发出来，形成盈利模式，增强社会资本进入动力。

二是加快 PPP 项目落地和降低财政负担。PPP 项目落地面临的困难与项目的收益水平有较大的关系。积极探索 PPP 项目的第三方付费模式，挖掘项目潜在的商业价值，有助于加快 PPP 项目落地，提高社会资本的积极性。对政府而言，探索出 PPP 项目的第三方付费模式，不需要相关财政补助，社会资本也有积极性进入。

问题 22　政社合作项目第三方付费模式的运作方式是怎样的？

德国公厕运营是一个典型的第三方付费模式的项目。本部分以德国公厕运营剖析第三方付费运作模式。

德国政府规定，城市繁华地段每隔 500 米应有一座公厕；一般道路每隔 1000 米应建一座公厕；其他地区每平方公里要有 2 ~ 3 座公厕；整座城市拥有公厕率应为每 500 ~ 1000 人一座。厕所在一个城市的分布分散，修建和运营一个厕所的成本肯定不低，但上厕所的价格刚性又很强，很难涨价。

德国“茅厕大王”的汉斯·瓦尔在1990年的柏林市公共厕所经营权拍卖会上就跟政府说：你把这个厕所包给我，我敢接，而且承诺免费提供。当时，他们的竞争对手都认为瓦尔公司疯了。他们算了一笔账，即使按照每人每次收费0.5欧元的高价格计算，一年光柏林一个城市就得赔100万欧元。于是在缺少竞争，承诺免费建厕，只需交纳低廉管理费的情况下，一举拿下全柏林的公厕经营权。瓦尔公司不仅向免费提供公厕设施，而且连这些设施的维护和清洁工作也全盘包揽，作为回报，瓦尔公司获得了这些厕所外墙广告的经营权。它把柏林的很多厕所外墙变成了广告墙，加之瓦尔公司的墙体费用比一般广告公司低得多，一些有名的公司都在这儿做过广告。除此之外，还将内部的摆设和墙体也作为广告载体。考虑到德国人上厕所时有阅读的习惯，甚至把文学作品与广告印在手纸上。

由于瓦尔提供的公共厕所大多出现在机场、火车站、旅游景点和商业街等繁华地段，其广告效应相当不错，广告收入是瓦尔公司最大的盈利点，在柏林、法兰克福等5个城市，瓦尔公司就获得超过几千万欧元的广告收入。此外，瓦尔公司在其厕所内安置了公用电话，可以向通信运营商获取一定的提成。国际运通卡组织也是瓦尔公司的合作对象，持卡者可以用卡消费。瓦尔公司还跟很多周边的餐厅合作，德国人上厕所后还能获赠餐券，餐厅则会返利给瓦尔公司。

六、政社合作项目价格的制定与调整

问题23 政社合作项目定价的核心指标是什么？

根据PPP项目的投资规模大、回报周期长、形式差异化等特点，PPP项目收益定价应该主要考虑以内部收益率作为核心指标，而非其他一般项目所采用的利润率。

可以将内部收益率理解为一个项目的预期收益率，因为时间是有时间价值的，把明天的收回折算成等于今天的付出，就是内部收益率。实践中，只要任一项目能够在未来产生相对稳定的可以预计的现金流，那么就能获得内部收益率。

问题 24　确定政社合作项目价格主要有哪些方法？

目前 PPP 项目的定价通常是采用成本定价（成本定价模式又分为平均成本定价法、边际成本定价法、两部制定价法和完全成本定价法）、差别定价、激励定价或上限定价、合理收益率等定价模式其中的一种或多种综合而成。

实际上，制订 PPP 项目价格需要各地政府结合当地经济发展水平、社会承受能力、PPP 项目服务的市场供求状况，并兼顾 PPP 项目成本水平，在综合平衡各方面的因素基础上来确定。有的地方以行业平均水平或以效率较高公司的成本为基础，结合公正合理的投资回报率制定价格上限。这样的方式通过设定价格上限，有利于推广先进技术，给企业较大定价权。而有些城市的地下综合管廊服务收费定价采取的是两部制定价法，即一次性收取固定使用费（固定成本），每年再收取一定的年度运营费用（变动成本费用）。

问题 25　如何对政社合作项目进行调价？

在 PPP 项目签约时，就应当考虑在合同中考虑调价机制，可在 PPP 项目合同中约定一个固定周期或者一个特定日期，在该周期届满或该日期到来时，由项目公司启动比价程序或对项目中某项特定服务在市场范围内重新进行采购。

PPP 项目调价机制的进行中，如若涉及调整关系居民切身利益的公用事业价格、公益性服务价格、自然垄断经营的商品价格等，考虑到涉及面广、影响较大，必须将听证作为调价的必经程序。应当建立听证会制度，由政府价格主管部门主持，征求消费者、经营者和有关方面的意见，论证其必要性、可行性。在完成听证会程序的基础上，就听证会的结果进行详细沟通与具体调整，确保调价能够顺利进行。

问题 26 如何建立政社合作项目价格管理机制？

由于 PPP 项目周期长的特点，在具体的项目实践中，建立一个科学合理的价格管理机制非常重要，这有助于防止社会资本“短期的价格竞争行为”异化为“长期的价格垄断行为”。

目前，一般采用“利润率限定”、“价格封顶或包干”、同域或同业“价格比较”等方法，来防范企业在整个政府和社会资本合作期内可能发生的价格垄断行为。具体的做法是：在 PPP 项目合同中的价格章节中规定，如果结算价格经过一段时间的实施后，与同区域其他同类型企业相比失去竞争性，明显高于同行业平均水平，则需重新核定结算价格；或可以直接在 PPP 项目合同中规定企业的成本，包括其采购设施数量、质量、价格和工程建设成本等，应当不高于同行业的可比较的合理水平。

问题 27 政府付费模式的调价机制有哪些？

在长达 20 ~ 30 年的 PPP 项目生命周期中，市场环境的波动会对直接引起项目运营成本的变化，进而影响项目公司的收益情况。设置合理的价格调整机制，可以将政府付费金额维持在合理范围，防止过高或过低付费导致项目公司亏损或获得超额利润，有利于项目物有所值目标的实现。

在政府付费的调价机制设计中，重点要体现的因素包括：政府调价的周期、调价的触发机制、调价的具体方法、调价的程序及政府与社会资本各方的权利义务等。

目前已有的调价机制包括：

一是公式调整机制。公式调整是指通过设定价格调整公式来建立政府付费价格与某些特定系数之间的联动关系，以反映成本变动等因素对项目价格的影响，当特定系数变动导致根据价格调整公式测算的结果达到约定的调价条件时，将触发调价程序，按约定的幅度自动调整定价。常见的调价系数包括：消费者物价指数、生产者物价指数、劳动力市场指数、利率变动、汇率变动等。调价系数的选择需要根据项目的性质和风险分配方案确定，并应综合考虑该系数能否反映成本变化的真实情况并且具有可操作性等。

二是基准比价机制。基准比价是指定期将项目公司提供公共服务的定价与同类服务的市场价格进行对比，如发现差异，则项目公司与政府可以协商对政府付费进行调价。

三是市场测试机制。市场测试是指在 PPP 项目合同约定的某一特定时间，对项目中某项特定服务在市场范围内重新进行采购，以更好地实现项目的物有所值。通过竞争性采购程序，政府和项目公司将可能会协商更换此部分服务的运营商或调整政府付费等。

问题 28　如何设计使用者付费的调价机制？

与政府付费模式的调价机制相似的是，使用者付费模式的调价机制设计中，重点要体现调价的周期、调价的触发机制、调价的具体方法、调价的程序及政府与社会资本各方的权利义务等。

而与政府付费模式不同的是，使用者付费的调价机制要坚持的原则主要有：

一是保证合理回报原则：项目公司在收回项目的建设成本和运营维护成本后，应获得与同行业平均收益率相适应的合理收益回报。

二是使用者可承受原则：收费价格不应过分高于使用者可承受的合理范围。

三是综合统筹原则：对使用者付费项目在进行价格调整时，除了应考虑项目公司的收益水平和项目使用者的承受能力外，还应当综合考虑通货膨胀、物价上涨和收费管理人员工资变化等各种影响因素。

另外，使用者付费项目实施价格调整应遵循调价程序。首先由项目公司向政府物价监管部门提出申请，并提交物价管理部门要求的定价成本监审的相关报告和资料文件，物价监管部门主导实施对项目公司的定价成本监审工作，政府以行业定价成本为基础制定政府指导价或政府定价，并按照相关法律法规和价格听证等程序进行价格的调整。

问题 29 如何设计可行性缺口补贴模式的调价机制？

可行性缺口补助模式的 PPP 项目，在项目运营补贴期间，政府可以通过承担部分直接付费责任的方式来体现调价。由于直接付费通常以年为时间单位，所以可行性缺口补贴模式的调价机制较为灵活。

社会资本方承担的年均建设成本（折算成各年度现值）、年度运营成本和应得到的合理利润，再减去每年使用者付费的数额，就是政府每年直接付费额。

第十四章
政府和社会资本合作项目公司治理

政府和社会资本合作提供公共服务，一般最终由政府和社会资本合作项目公司来实施。政府和社会资本合作项目公司组织、运营状况，关系到公共服务提供质量。因此，需要加强政府和社会资本合作项目公司治理。

一、政社合作项目公司组织

问题1　政社合作项目公司股东会如何安排？

PPP项目公司多采用有限责任公司的组织形式，以股东会为最高权力机关；如有上市计划则须进行股份改制，采用股份有限公司的组织形式，以股东大会为最高权力机关。

有限责任公司股东会由全体股东组成，是公司的最高权力机关，股东会会议是全体股东在公司内部行使表决权的法定组织形式。我国《公司法》规定，有限责任公司的股东不超过五十人。PPP项目公司股东的常见类型有：工程建设公司、专业金融投资机构、掌握关键技术和具有行业经验的专业技术或管理公司、专业合同承包商、设备供货商、原料或燃料供应商、产品包销商、业务运营商、设施使用商、国际贸易公司、国有资产监管部门及其所出资企业。

根据《公司法》第三十七条，股东会行使下列职权：

（一）决定公司的经营方针和投资计划；

（二）选举和更换非由职工代表担任的董事、监事，决定有关董事、监事的报酬事项；

（三）审议批准董事会的报告；

（四）审议批准监事会或者监事的报告；

（五）审议批准公司的年度财务预算方案、决算方案；

（六）审议批准公司的利润分配方案和弥补亏损方案；

（七）对公司增加或者减少注册资本作出决议；

（八）对发行公司债券作出决议；

（九）对公司合并、分立、解散、清算或者变更公司形式作出决议；

（十）修改公司章程；

（十一）公司章程规定的其他职权。

PPP 项目公司可以在公司章程中规定股东会的其他特殊职权，以适应项目公司及其股东特殊要求。

股东会会议实行资本决原则，由股东按照出资比例（一般为认缴出资比例）行使表决权，但公司章程可以对股东的表决权重进行特别规定。根据《公司法》第四十三条第二款之规定，股东会会议作出修改公司章程、增加或者减少注册资本的决议，以及公司合并、分立、解散或者变更公司形式的决议，必须经代表三分之二以上表决权的股东通过，一般不能由章程作出特别规定。除前述重大事项以外，《公司法》授权公司章程对股东会职权范围内其他事项的议事规则和表决程序作出规定，一般来说须经过代表过半数表决权的股东通过，但也可以根据项目公司具体情况在公司章程设置高于这一标准的表决门槛。因此，持股比例超过 51% 的股东可以视为项目公司的控股股东。

根据《公司法》第三十九条规定，股东会会议分为定期会议和临时会议。定期会议应当依照公司章程的规定按时召开，一般分为年度会议和年中会议，会议频率不高，主要审议和批准经营方针、投资计划、年度预算、年度决算、利润分配、亏损弥补、董事会工作报告、监事会工作报告等重大事项；临时会议由代表十分之一以上表决权的股东，三分之一以上的董事，监事会或者不设监事会的公司的监事提议召开，主要是就股东会职权范围内突发重大事件进行表决。股东会会议一般由董事会召集，董事长主持，会议通知应当提前十五日通知全体股东。

项目公司采用股份有限公司组织形式时，股东大会的制度安排与有限责任公司股东会的制度安排基本相同，但表决权统计基数是出席会议的股东所持表决权，而不是全体股东所持表决权。另外，在特别采用普通股/优先股的结构性安排时，优先股股东的表决范围受到很大限制。

问题 2　政社合作项目公司的董事会如何安排？

董事会是公司的执行机关，由股东会（股东大会）选举的董事组成，执行股东会决议，对股东会负责并汇报工作。根据《公司法》第四十四条、第五十条、第一百零八条规定规定，有限责任公司的董事会由三至十三名董事组成，但是股东人数较少或者规模较小的有限责任公司，可以设一名执行董事，不设董事会；股份有限公司的董事会则由五至十九名董事组成，还可以设置董事会秘书职位。

我国《公司法》规定，董事由股东会选举产生，董事长和副董事长的产生办法由公司章程规定。虽然股东会有权任免董事，但为保证董事工作的连续性和专业性，股东会在董事任期不得无故解除其职务。为防止控股股东操纵董事会席位，《公司法》第一百零五条规定股份有限公司章程可以就董事产生办法采取累积投票制。实践中，PPP 项目公司董事会席位一般由股东在设立项目公司之初约定。

《公司法》第四十六条规定，董事会行使下列职权：

（一）召集股东会会议，并向股东会报告工作；

（二）执行股东会的决议；

（三）决定公司的经营计划和投资方案；

（四）制订公司的年度财务预算方案、决算方案；

（五）制订公司的利润分配方案和弥补亏损方案；

（六）制订公司增加或者减少注册资本以及发行公司债券的方案；

（七）制订公司合并、分立、解散或者变更公司形式的方案；

（八）决定公司内部管理机构的设置；

（九）决定聘任或者解聘公司经理及其报酬事项，并根据经理的提名决定聘任或者解聘公司副经理、财务负责人及其报酬事项；

（十）制定公司的基本管理制度；

（十一）公司章程规定的其他职权。

由此可见，在治理结构上董事会具有承上启下的作用，上对股东会负责，为股东会审议事项制定方案；下对高级管理层行使人事控制权。

我国《公司法》对董事会的议事方式和表决程序并没有明文规定，基本上授权公司章程规定。根据《公司法》第四十八条第三款之规定，董事会决议采用人数决原则，也即“一人一票”，这是因为董事一般依据其个人所具有的职业操守、专业知识和行业经验从事管理，其本身并不当然持有公司股权/股份。为了约束董事行为，《公司法》第六章还专门规定了董事的忠实义务和勤勉义务，在违反《公司法》和公司章程规定对公司利益造成损失时，董事将会对公司负有赔偿责任。PPP项目公司章程可规定，董事会会议须经过半数董事出席方可召开，董事会决议须经过半数董事同意方可通过。为防范可能出现的表决僵局，董事人数一般为单数。

问题3　政社合作项目公司经营管理者如何产生？

《公司法》第二百一十六条第（一）项规定，高级管理人员包括公司经理、副经理、财务负责人，上市公司董事会秘书和公司章程规定的其他人员。一般而言，PPP 项目公司经营管理者主要包括经理、副经理、财务负责人，与《公司法》所称“高级管理层”的外延与内涵基本相同。

根据《公司法》第四十六条第（九）项，董事会“决定聘任或者解聘公司经理及其报酬事项，并根据经理的提名决定聘任或者解聘公司副经理、财务负责人及其报酬事项”。据此，PPP 项目公司的经理应当由董事会聘任产生，行使《公司法》第四十九条规定的经理职权；副经理、财务负责人则由经理提名，再由董事会根据提名聘任产生，在董事会所设置的内部管理机构和所制定的基本管理制度框架内行使经营管理职权。因此，从《公司法》所设计的公司治理结构来看，股东会、董事会一般不参与公司的日常经营和具体管理事务，而是由董事会所聘任的经理、副经理和财务负责人（合称高级管理层）履行该等职责。

在政府和社会资本合作项目中，政府一般不直接参与项目公司经营管理。但是在 PPP 实践中，处于保障公共服务质量、知悉项目运作及收益情况等目的，政府及代表政府的投资机构可能会要求在 PPP 项目公司高级管理层中特别安排管理人员。我们认为，在项目公司没有发生法定或约定的接管事由的情况下，这种特别安排并不符合《公司法》治理原则，在社会资本承担项目运营风险的情况下也容易导致权责失衡。

问题 4　政社合作项目公司如何作出重大决策?

从《公司法》所涉及的治理原则来看，公司事务的决策机制是按照股东会职权、董事会职权、经理职权分层设置的，各治理层面之间是一种自上决策、自下执行和自下反馈、自上集中的相互流动关系。比如公司的年度财务预算和决算，一般是由财务负责人和经理根据董事会所下达的经营指标协同起草方案，报董事会制订年度财务预算方案和决算方案，再由董事会在股东会年度会议上报请股东会审议批准；又比如股东会决定公司的经营方针和投资计划后，董事会据此进一步决定公司的经营计划和投资方案，然后在高级管理层由经理组织实施公司经营计划和投资方案。

就各治理层面的内部决策程序而言，原则上采取民主集中的原则。所谓民主是指各治理机关内部成员享有参与会议以及在会议上参与讨论、提出质询、提供建议、作出表决的权利，以保障决策的科学性；所谓集中是指各治理机关内部最终须按照一定的表决规则形成该机关的统一决议，该决议一经作出即对全体股东、董事及高级管理人员产生约束力，以保证企业经营所必需的效率性。

PPP 项目公司在进行重大事项决策时，也应该遵循以上基本原则和程序，重大事项应召开股东会或董事会，由股东或董事集体讨论决定。政府虽然不谋求在项目公司中的控股地位，但在股东会及董事会表决中均保持相当的影响力。基于项目的公共性或准公共性，除公司法所规定的表决事项外，政府及其代表机关对于涉及基础设施运行、公共服务质量等与公众利益密切相关的事项，往往拥有一票否决权或者特别的表决权重。在这种情况下，PPP 项目公司的重大表决机制，不仅应遵循《公司法》及公司章程之规定，还应当遵循作为 PPP 项目合同核心文件的股东协议相关约定，甚至应当以政府与社会资本之间的股东协议约定优先适用。比如《公司法》规定，代表三分之二以上表决权的股东可以表决通过关于公司解散清算的决议，但在 PPP 项目中，如无政府及其代表机关的同意，项目公司是无法作出解散清算决议的；相反，在项目公司陷入经营困境时，政府及其所授权机关有权单方决定接管项目公司，绕过股东会、董事会及高级管理层之权限直接介入项目公司具体经营管理事务。

二、政社合作项目运营

问题5 政社合作项目开始运营的一般条件是什么？

根据2014年财政部制定的《PPP项目合同指南（试行）》的规定，项目开始运营是指PPP项目开始提供公共服务。在订立PPP项目合同时，双方会根据项目的技术特点和商业特性约定开始运营的条件，以确定开始运营及付费的时间点。项目开始运营主要有以下四个一般条件：

（1）项目的建设已经基本完工（除一些不影响运营的部分）并且已经达到满足项目目的的水平；

（2）已按照合同中约定的标准和计划完成项目试运营；

（3）项目运营所需的审批手续已经完成（包括项目相关的备案审批和竣工验收手续）；

（4）其他需要满足项目开始运营条件的测试和要求已经完成或具备。

问题6 如何划分政社合作项目无法按期运营带来损失的责任？

2014年财政部制定的《PPP项目合同指南（试行）》明确规定，根据无法按期开始项目运营原因的不同，由相应主体承担相应的责任。有些可能是政府、社会资本一方违约，属于单一主体责任；有些可能是政府、社会资本都出现违约行为，则属于共同责任。如果政府、社会资本在PPP项目违约中都有责任时，在划分政府、社会资本在PPP项目违约责任时，需要突出过失责任，而不是严格责任。严格责任制度不利于风险防范，因为政府、社会资本、居民都可能形成风险、引发损失，如果责任全部由社会资本承担，政府、居民必然对风险防范的努力不足。因此，需要建立过失责任制度。

（一）项目公司原因

如果项目公司因自身原因没有按照合同约定的时间和要求开始运

营，将可能承担三种后果。首先，因不能提供服务而无法按时获得政府付费，因项目未完工等原因而侵占项目运营的时间。其次，支付逾期违约金。一些 PPP 项目合同中会规定逾期违约金条款，即如果项目公司未能在合同约定的日期开始运营，则需要向政府方支付违约金。再次，项目终止。如果项目公司延误开始运营日超过一定的期限，政府方有权依据 PPP 项目合同的约定主张提前终止该项目。最后，履约担保。如果项目公司违背履约担保，政府方可以依据双方约定的履约担保机制获得一定的赔偿。

（二）政府方原因

政府方原因包括政府方违约以及在 PPP 项目合同中约定的由政府方承担的风险，例如政治不可抗力等。首先，延长工期和赔偿费用。因政府方原因导致项目公司无法按期开始运营的，项目公司通常有权主张延迟开始运营日并向政府方索赔额外费用。其次，视为已开始运营。在一些采用政府付费机制的项目中，对于因发生政府方违约、政治不可抗力及其他政府方风险而导致项目在约定的开始运营日前无法完工或无法进行验收的，除了可以延迟开始运营日之外，还可以规定“视为已开始运营”，即政府应从原先约定的开始运营日起向项目公司付费。

（三）中性原因

中性原因是指不可抗力及其他双方约定由双方共同承担风险的原因。因中性原因导致政府方或项目公司不能按期开始运营的，受到该中性原因影响的一方或双方均可以免除违约责任（例如违约金、赔偿等），也可以根据该中性原因的影响期间申请延迟开始运营日。

问题 7　政社合作项目的日常运营有哪些标准和要求？

在 PPP 项目的运营期内，项目公司应根据法律法规以及合同约定的要求和标准进行运营。主要运营标准和要求包括：

（1）服务范围和服务内容；

（2）生产规模或服务能力；

（3）运营技术标准或规范；

（4）产品或服务质量要求；

（5）安全生产要求；

（6）环境保护要求；

（7）编制运营与维护手册，并在开始运营之前报送政府方审查。

问题 8 政府对政社合作项目运营维护的监督和介入主要包括哪些方面？

政府方对 PPP 项目的运营和维护，拥有一定的监督和介入权，通常包括以下五个方面：

（1）在不影响项目正常运营的情况下入场检查；

（2）定期获得有关项目运营和维护情况的报告及其他相关资料（如运营维护计划、经审计的财务报告、事故报告等）；

（3）审阅项目公司拟定的运营和维护方案并提出意见；

（4）委托第三方机构开展项目中期评估和后评价；

（5）在特定情形下，介入项目的运营或维护工作。

问题 9 如何应对政社合作项目的暂停服务及相关责任如何划分？

在项目运营过程中不可避免地会因一些可预见的或突发的事件而暂停服务。暂停服务一般包括计划类的暂停服务和计划外暂停服务两大类。针对计划内、计划外的暂停服务及其原因，划分项目公司和政府的责任。

1. 计划内的暂停服务

一般来讲，对项目设施进行定期的重大维护或者修复，会导致项目定期暂停运营。对于这种合理的、可预期的计划内暂停服务，项目公司应在报送运营维护计划时提前向政府方报告，政府方应在暂停服务开始之前给予书面答复或批准，项目公司应尽最大努力将暂停服务的影响降到最低。发生计划内的暂停服务，项目公司不承担不履约的违约责任。

2. 计划外的暂停服务

若发生突发的计划外暂停服务，项目公司应立即通知政府方，解释其原因，尽最大可能降低暂停服务的影响并尽快恢复正常服务。对于计划外的暂停服务，责任的划分按照一般的风险分担原则处理，哪方导致的暂停服务，哪方就应赔偿相关损失。首先，如因项目公司原因造成，由项目公司承担责任并赔偿相关损失。其次，如因政府方原因造成，由政府方承担责任，项目公司有权向政府方索赔因此造成的费用损失并申请延展项目期限。最后，如因不可抗力原因造成，双方共同分担该风险，均不承担对对方的任何违约责任。

需要指出的是，对计划内的暂停服务，项目公司应提前告知社会公众或公共服务的使用者，要尽可能让社会公众或公共服务的使用者提前做好相关准备，减少对其带来的不利影响。对计划外的暂停服务，应严格区分项目公司、政府的责任。计划外暂停服务也有可能是项目公司、政府共同造成的，需要区分承担主要责任方。

第十五章 政府和社会资本合作合同

政府和社会资本合作以合同形式实现。要充分发挥政府和社会资本合作对提高公共服务供给质量的效果，事前要订立好合作合同，事中事后要加强合同执行。

一、政社合作合同体系与合同管理

问题1 政社合作可能会涉及哪些合同?

在市场经济和法治社会中，经济活动一般都会签订合同，明确双方之间的权利义务关系，为当事人提供稳定的预期。同样地，政府和社会资本合作提供公共服务以及在提供公共服务过程中所产生的经济活动，也会通过签订相关合同明确相关主体的权利义务。一般来说，政府和社会资本合作可能会涉及以下合同：

一是PPP项目合同。PPP项目合同是项目实施机构与社会资本签订（若需要成立专门项目公司的，由项目实施机构与项目公司签订）的约定项目合作主要内容和双方基本权利义务的协议。其目的是在项目实施机构与社会资本之间合理分配项目风险，明确双方的权利义务关系，保障双方能够依据合同约定合理主张权利，妥善履行义务，确保项目全生命周期内的顺利实施。

二是股东协议合同。股东协议由项目公司的股东签订，用以在股东之间建立长期的、有约束力的合约关系。股东协议通常包括以下主要条款：前提条件、项目公司的设立和融资、项目公司的经营范围、股东权利、履行PPP项目合同的股东承诺、股东的商业计划、股权转让、股东会、董事会、监事会组成及其职权范围、股息分配、违约、终止及终止后处理机制、不可抗力、适用法律和争议解决等。

三是履约合同。履约合同包括工程承包合同、运营服务合同、原料供应合同以及产品或服务购买合同。

四是融资合同。从广义上讲，融资合同可能包括项目公司与贷款方签订的项目贷款合同、担保人就项目贷款与贷款方签订的担保合同、政府与贷款方和项目公司签订的直接介入协议等多个合同。其中，项目贷款合同是较为重要的融资合同。在项目贷款合同中一般包括以下条款：陈述与保证、前提条件、偿还贷款、担保与保障、抵销、违约、适用法律与争议解决等。同时，出于贷款安全性的考虑，贷款方往往要求项目公司以其财产或其他权益作为抵押或质押，或由其母公司提供某种形式的担保或由政府作出某种承诺，这些融资保障措施通常会在担保合同、直接介入协议以及PPP项目合同中具体体现。

五是保险合同。由于PPP项目需要的资金规模大、生命周期长，负责项目实施的项目公司及其他相关参与方通常需要对项目融资、建设、运营等不同阶段的不同类型的风险分别进行投保。PPP项目可能涉及的保险种类包括货物运输险、建筑工程险、针对设计或其他专业服务的专业保障险、针对间接损失的保险、第三人责任险、政治风险保险等。

六是其他合同。比如：项目公司与专业中介机构签署的投资、法律、技术、财务、税务等方面的咨询服务合同。

需要说明的是，以上这些合同之间是相互联系，而不是孤立的。PPP项目合同是其他合同的基础，也是整个PPP项目合同体系的基础和核心。

问题 2　政社合作项目合同应包括哪些内容？

一般来说，政社合作协议应当包括以下内容：（1）合作项目名称、内容、运作方式及期限；（2）项目公司经营范围、注册资本等；（3）合作项目的融资；（4）合作项目设计、建设、运营、维护的标准和监督管理；（5）收益取得方式；（6）价格（收费）及其调整机制；（7）履约担保、权益配置和风险分担；（8）合作各方的权利和义务；（9）政府方的监督和介入；（10）合作项目资产所有权归属及移转；（11）合作协议变更、提前终止及补偿；（12）合作期满移交；（13）违约责任与争议解决；（14）其他应当约定的事项。

问题 3　政社合作合同不完全性主要表现在哪些方面？

PPP 合同的不完全性主要表现在以下方面：（1）难以对公共服务质量加以完全考核；（2）以前没有签订过这样的合同，没有充分预计到未来合同情况；（3）没有对合同所有的情况进行预计，存在状态不确定性，或者预计各种可能的状态的成本高；（4）预计合同各种状态下的收益、损失的不确定性；（5）合同各种状态发生的概率不确定性；（6）法院无法验证核实一些意外事故或者变量（比如努力程度等）；等等。

问题 4　对政社合作合同管理应遵循哪些原则？

为规范 PPP 合同管理工作，2014 年财政部制定了《PPP 项目合同指南（试行）》。在推进 PPP 工作中，应遵循以下原则：

（1）依法治理。为充分发挥市场在资源配置中的决定性作用，允许政府和社会资本依法自由选择合作伙伴，充分尊重双方在合同订立和履行过程中的契约自由，依法保护 PPP 项目各参与方的合法权益。

（2）平等合作。在 PPP 项目中，政府与社会资本双方法律地位平等、权利义务对等，应在充分协商、互利互惠的基础上订立合同，并依法平等地主张合同权利、履行合同义务。

（3）维护公共利益。运用PPP方式提供公共服务的根本目的是为了提高公共服务质量，更好地实现公共利益。PPP项目合同中既要规定社会资本应履行的义务，还应保证政府有合理的监督权和介入权，以加强对社会资本的履约管理。与此同时，政府还应依法严格履行行政管理职能，建立健全及时有效的项目信息公开和公众监督机制。

（4）诚实守信。政府和社会资本应在PPP项目合同中明确界定双方在项目融资、建设、运营、移交等全生命周期内的权利义务，并在合同管理的全过程中真实表达意思表示，认真恪守合同约定，妥善履行合同义务，依法承担违约责任。

（5）公平效率。在PPP项目合同中要始终贯彻物有所值原则，在风险分担和利益分配方面兼顾公平与效率：既要在政府和社会资本之间合理分配项目风险，实现公共服务供给效率和资金使用效益的提升，又要在设置合作期限、方式和投资回报机制时，统筹考虑社会资本方的合理收益预期、政府的财政承受能力以及使用者的支付能力，防止任何一方过分受损或超额获益。

（6）兼顾灵活。PPP项目具有长期性、复杂性与多样性等特点，项目所处地域、行业、市场环境等情况的不同，各参与方合作意愿、风险偏好、谈判能力等方面的差异，最终表现为合同内容上的千差万别。实践中，PPP项目各参与方应当结合项目客观需要和谈判结果，充分借助专业力量，因地制宜地订立PPP项目合同。另外，PPP项目的生命周期通常较长，在合同订立时既要充分考虑项目全生命周期内的实际需求，保证合同内容的完整性和相对稳定性，也要合理设置一些关于期限变更（展期和提前终止）、内容变更（产出标准调整、价格调整等）、主体变更（合同转让）的灵活调整机制，为未来可能长达20~30年的合同执行期预留调整和变更空间。

（7）降低风险与不确定性。运用 PPP 方式提供公共服务，能降低财政风险、提高公共服务质量，但也可能会存在一些风险。因此，要及时控制和防范相关风险与不确定性。

二、政社合作合同订立与合作期限

问题 5 政社合作项目合同的订立应注意哪些事项？

政府、社会资本应严格按照招投标、政府采购中的相关内容签订 PPP 项目合同。除此之外，对政府、社会资本双方来说，订立 PPP 项目合同都需要充分考虑未来的风险与不确定性、合同能否履约、违约责任及相关主体是否有责任能力。对政府而言，订立的合同要注意风险分担、运用 PPP 模式提供公共服务带来的效率提高、是否会带来隐形债务、责任分担等，明确合同履约相关安排、违约责任等。尤其要考虑社会资本方违约后，是否有责任能力。对于社会资本而言，订立合同要注意 PPP 项目的收益回报机制、合同履约相关安排、违约责任等。尤其要注意不同类型的 PPP 项目的收益回报调整机制，对依靠向使用者收费的 PPP 项目，要充分考虑到收费价格如何调整；对政府付费的 PPP 项目，要注意相关财政支出是否与中长期预算结合起来，等等。

问题 6 政社合作项目合作期限一般多长？

我国 PPP 项目合作期限一般为 10 ~ 30 年。《关于进一步做好政府和社会资本合作项目示范工作的通知》（财金〔2015〕57 号文件）明确规定，政府和社会资本合作期限原则上不低于 10 年。2015 年 4 月 27 日，国家发改委、财政部等共同公布《基础设施和公用事业特许经营管理办法》（2015 年第 25 号）规定，基础设施和公用事业特许经营期限最长不超过 30 年。

在具体的 PPP 项目，应根据项目财务可行性、项目资产的技术生命周期等具体情况，兼顾政府和社会资本的利益，设定合作期限。

问题7 设定政社合作项目合作期限应考虑哪些因素？

项目的合作期限通常应在项目前期论证阶段进行评估，需要综合考虑以下因素：（1）政府所需要的公共服务的供给期间；（2）项目资产的经济生命周期以及重要的整修时点；（3）项目资产的技术生命周期；（4）项目的投资回收期；（5）项目设计和建设期间的长短；（6）财政承受能力；（7）现行法律法规关于项目合作期限的规定；等等。

实践中应当根据项目的风险分配方案、运作方式、付费机制和具体情况选择合理的项目合作期限。基本的原则是，项目合作期限可以实现物有所值的目标，并且形成对项目公司的有效激励。需要特别注意的是，项目的实际期限还会受制于提前终止的规定。

三、政社合作合同履行

问题8 履行政社合作项目合同应注意哪些事项？

一是政府和社会资本都要严格按照签订的合同要求履行相关义务。经过政府采购、招投标过程签订的PPP合同，能满足政府、社会资本的激励相容条件，加强合同履行。

二是政府、社会资本互相督促对方履约。政府应督促社会资本履行在项目出资、建设、工程质量、工程进度和运营管理等方面的承诺；社会资本应督促政府履行在项目出资、财政补贴等方面的承诺。

三是把握好合同履行的关键点。加强对公共服务提供质量、数量与公共服务支付的价格（使用者付费、政府付费等）进行监督。

四是防范政府、社会资本的行为风险。政府、社会资本在履行PPP合同时，都有可能产生短期行为，隐藏长期风险。因此，在PPP项目合同履行过程中，要对参与主体各方的风险进行分析，防范政府、社会资本的行为风险，尤其是要防范对公共利益和政府或有负债带来的不利影响。

问题 9　政府、社会资本在合作中违约主要有哪些情形？

结合 2014 年财政部制定的《PPP 项目合同指南（试行）》列举的政府和社会资本常见的主要纠纷，政府、社会资本在 PPP 项目中违约主要有以下情形：

1. 政府的违约行为

（1）未按项目合同约定向项目公司付费或提供补助达到一定期限或金额。

（2）违反合同约定转让 PPP 项目合同项下义务。

（3）发生政府可控的对项目设施或项目公司股份的征收或征用的（是指因政府方导致的或在政府方控制下的征收或征用，如非因政府原因且不在政府控制下的征收征用，则可以视为政治不可抗力）。

（4）发生政府可控的法律变更导致 PPP 项目合同无法继续履行的。

（5）其他违反 PPP 项目合同约定，并导致项目公司无法履行合同的情形。

（6）没有完全兑现 PPP 项目中的承诺。

2. 项目公司违约行为

（1）项目公司未按照规定的要求和标准提供公共服务，情节严重或造成严重后果的。包括降低公共服务质量、减少公共服务数量。对公共服务提供的质量存在信息不对称或不完全时，社会资本更可能存在质量的可能。PPP 项目建设交付延迟履行，建设质量、时间等不符合合同要求，PPP 项目运营质量、方法和方式、时间与地点瑕疵以及其他不符合合同相关规定的行为。

（2）违反合同，将工程或服务转包。

（3）要求政府调整相关合同条款。社会资本以低价竞标的 PPP 项目，在PPP项目合同执行阶段，要求修改PPP项目合同条款。

（4）以公共利益要挟地方政府行为。因为PPP项目涉及公共利益，社会资本为实现其利益目标要求地方政府修改相关合同条款，甚至以公共利益为名要挟地方政府。

（5）项目公司因经营不善破产或资不抵债的。

（6）项目公司未在约定期限内实现建设进度且逾期超过一定期限的，如项目工期延误，项目开始运营时间延误。

（7）项目公司违反合同约定的股权变更限制的。

（8）项目公司未按合同约定为PPP项目或相关资产购买保险的。

问题10 如何提高政府对政社合作项目的履约能力？

一是用法治约束政府行为。与社会资本相比，政府具有更强的讨价还价能力，因此需要约束政府行为。约束政府行为（包括提高政府对PPP项目的履约能力）的核心在于加快法治化建设，促使政府行为法治化。加快PPP立法，建立和完善PPP法律体系，约束政府行为，让政府自觉履约。应对项目的立项、投标、建设、运营管理质量、收费标准、调整机制、项目排他性、争端解决机制以及移交等环节作出全面、系统的规范性规定。

二是要建立与PPP项目全生命周期相适应的财政预算管理体制，将PPP项目中的政府付费或财政补助，纳入中长期财政预算，确保政府履约，吸引更多民间资本进入。

三是建立完善的全国PPP项目信息披露制度，对包括政府的违约双方进行信誉评级和违约记录，约束PPP项目合作双方的短期行为。

问题11 如何提高社会资本对政社合作项目合同的履约能力？

一是以履约保函等形式促使社会资本履约。保函是指金融机构（通常是银行）应申请人的请求，向第三方（即受益人）开立的一种书面信用担保凭证，用以保证在申请人未能按照双方协议履行其责任或义务时，由该金融机构代其履行一定金额、一定期限范围内的某种支付责任或经济赔偿责任。政府可以根据项目的实际情况，要求项目公司在PPP项目的不同阶段，提供不同的保函，在招投标阶段提供投标保函，在项目建设阶段提供建设履约保函，在运营维护阶段提供运营维护的履约保函，等等。需要指出的是，如果社会资本投入了大量资本进行建设、维护，可以不用其提供相应的保函。因为社会资本投入了资本就是履约的承诺，有动力去积极履约。在招投标阶段，出具保函必不可少，主要是防范社会资本中标了PPP项目而不签约，这样就会直接影响项目进度。

二是选择性价比合理的社会资本作为合作方。为防止社会资本以低于正常价格中标、中标后要求政府变相支付等违约行为出现，政府在选择社会资本时，应充分考虑到社会资本履约能力和可能性，综合考虑性价比合理的社会资本作为合作方。

四、政社合作合同争议解决与违约补偿

问题12　政社合作项目合同提前终止的事由有哪些？

根据2014年财政部制定的《PPP项目合同指南（试行）》的规定，在PPP项目合同中，可能导致项目提前终止事由通常包括以下四个方面：

一是政府违约事件。发生政府违约事件，政府在一定期限内未能补救，从而导致合同目的落空的，项目公司可根据合同约定主张终止PPP项目合同。

二是项目公司违约事件。发生项目公司违约事件，项目公司和融资方或融资方指定的第三方均未能在规定的期限内对该违约进行补救，从而导致合同目的落空的，政府可根据合同约定主张终止PPP项目合同。

三是政府单方选择终止。为保障公共利益不受损害，PPP 项目合同可能约定政府在项目期限内任意时间可单方主张终止 PPP 项目合同。当出现 PPP 项目所提供的公共服务已经不合适或不再需要，或者会影响公共安全和公共利益等特殊情况时，政府有权提前单方面决定终止项目，但应当给予社会资本合理补偿。

四是不可抗力事件。发生不可抗力事件持续或累计达到一定期限，导致 PPP 项目合同无法继续履行或者合同目的落空的，根据《合同法》相关规定，任何一方均可主张终止 PPP 项目合同。

问题 13 政社合作中的争议解决机制有哪些途径？

PPP 项目合同发生争议后，可以采取友好协商、专家裁决、申请仲裁和法律诉讼等四种途径解决。

一是友好协商。在多数 PPP 项目合同中，都会约定在发生争议后先由双方通过友好协商的方式解决纠纷。这种争议解决方式的意义在于，友好协商的争议解决效率高，协商结果易于为双方接受，并且不会造成大范围负面影响，可以避免双方在直接启动司法程序情况下的对抗情绪，保障项目正常运行不受干扰。

实践中，协商的具体约定方式包括：（1）协商前置，即发生争议后，双方必须在一段特定期限内进行协商，在该期限届满前双方均不能提起进一步的法律程序；（2）选择协商，即将协商作为一个可以选择的争议解决程序，无论是否已进入协商程序，各方均可在任何时候启动诉讼或仲裁等其他程序；（3）协商委员会，即在合同中明确约定由政府方和项目公司的代表组成协商委员会，双方一旦发生争议应当首先提交协商委员会协商解决。

如果在约定时间内协商委员会无法就有关争议达成一致，则会进入下一阶段的争议解决程序。需要特别说明的是，通常协商应当是保密并且“无损实体权利”的，当事人在协商过程中所说的话或所提供的书面文件不得用于之后的法律程序。因为如果双方能够确定这些内容在将来的诉讼或仲裁中不会被作为不利于自己的证据，双方可能更愿意主动作出让步或提出解决方案。

二是专家裁决。对于 PPP 项目中涉及的专业性或技术性纠纷，也可以通过专家裁决的方式解决。负责专家裁决的独立专家，可以由双方在 PPP 项目合同中予以委任，也可以在产生争议之前共同指定。专家裁决通常适用于对事实无异议、仅需要进行某些专业评估的情形，不适用于解决那些需要审查大量事实依据的纠纷，也不适用于解决纯粹的法律纠纷。

三是仲裁。仲裁是一种以双方书面合意进入仲裁程序为前提（即合同双方必须书面约定将争议提交仲裁）的替代诉讼的纠纷解决方式。一般而言，仲裁相较于诉讼，具有下列优点：（1）仲裁程序更具灵活性，更尊重当事人的程序自主；（2）仲裁程序更具专业性，当事人可以选择相关领域的专家作为仲裁员；（3）仲裁程序更具保密性，除非双方协议可以公开仲裁，一般仲裁程序和仲裁结果均不会对外公开；（4）仲裁程序一裁终局，有可能比诉讼程序更快捷、成本更低。依照我国法律，仲裁裁决与民事判决一样，具有终局性和法律约束力。除基于法律明确规定的事由，法院不能对仲裁的裁决程序和裁决结果进行干预。

四是诉讼。在 PPP 项目合同争议解决条款中，也可以选择诉讼作为最终的争议解决方式。实践中，诉讼程序相较于仲裁程序时间更长，程序更复杂，比较正式且对立性更强，因此 PPP 项目双方在选择最终的争议解决程序是需要仔细的考量。

在一些外国投资人参与的 PPP 项目中，可能会在争议解决条款中选择由相对中立的国际仲裁组织进行仲裁。我国《合同法》已明确规定，具有涉外因素的合同可以选择国外仲裁机构仲裁，实践中也可以依据一些国际公约（例如《承认及执行外国仲裁裁决公约》）来处理国际仲裁裁决的承认和执行程序。

需要特别注意的是，按照我国法律规定，如果合同中约定某一争议既可以依仲裁程序解决，也可以依诉讼程序解决，则原则上属于无效的仲裁条款（除非一方当事人申请仲裁后，对方当事人未在首次开庭前提出管辖权异议，使仲裁庭取得审理该案件的管辖权）。因此，PPP 项目合同的争议解决条款最好在诉讼和仲裁中任选其一，避免出现“或裁或审”的无效约定。

问题 14 争议期间政社合作合同该如何履行？

根据 2014 年财政部制定的《PPP 项目合同指南（试行）》的规定，鉴于 PPP 项目通常会涉及公共安全和公共利益，为保障项目的持续稳定运营，通常会在争议解决条款中明确规定在发生争议期间，各方对于合同无争议部分应当继续履行，除法律规定或另有约定外，任何一方不得以发生争议为由，停止项目运营。

问题 15 政社合作项目发生违约有什么救济机制？

PPP 项目发生违约之后主要有行政救济和司法救济两种救济机制。

一是行政救济。当项目公司违反项目合同约定，威胁公共服务的持续稳定供给，危及国家安全或重大公共利益的时候，政府有权临时接管项目，直至启动项目提前终止程序。政府可指定合格机构实施临时接管。临时接管项目所产生的一切费用，将根据项目合同约定，由违约方单独承担或由各责任方分担。社会资本或项目公司应承担的临时接管费用，可以从其应获终止补偿中扣减。

二是司法救济。在项目实施过程中，按照项目合同约定，项目实施机构、社会资本或项目公司可就发生争议且无法协商达成一致的事项，依法申请仲裁或提起民事诉讼。申请司法途径救济，以对 PPP 项目合同中的违约行为进行裁决。

问题 16　政社合作项目合同终止后的政府回购如何补偿社会资本？

PPP 项目合同中，基于不同事由导致的终止，处理上有所不同。一般来讲，通常会涉及回购和回购补偿两方面的事项。

1. 回购义务

通常只有在项目公司违约导致项目终止的情形下，政府才不负有回购的义务而是享有回购的选择权，即政府可以选择是否回购该项目。

2. 回购补偿

（1）政府违约事件、政治不可抗力以及政府选择终止。补偿的范围：项目公司尚未偿还的所有贷款（其中可能包括剩余贷款本金和利息、逾期偿还的利息及罚息、提前还贷的违约金等）；项目公司股东在项目终止之前投资项目的资金总和（必要时需要进行审计）；因项目提前终止所产生的第三方费用或其他费用（支付承包商的违约金、雇员的补偿金等）；项目公司的利润损失（双方通常会在 PPP 项目合同中约定利润损失的界定标准及补偿比例）。

（2）项目公司违约事件。常见的回购补偿计算方法包括：市场价值方法，即按照项目终止时合同的市场价值计算补偿金额。账面价值方法，即按照项目资产的账面价值计算补偿金额。

（3）自然不可抗力。一般原则是由双方共同分摊风险。补偿范围一般会包括未偿还融资方的贷款、项目公司股东在项目终止前投入项目的资金以及欠付承包商的款项；补偿一般会扣除保险理赔金额，且不包括预期利润损失。

问题 17　如果政府违约政社合作项目合同，社会资本如何获得补偿？

政府违约是指政府违背与社会主体在 PPP 项目订立时的契约。根据国家发改委的《政府和社会资本合作项目通用合同指南（2014 年版）》，政府与社会资本合作项目在订立合同时，首先，应该明确违约行为的认定以及免除责任或限制责任的事项；其次，项目合同应明确违约行为的承担方式，如继续履约、赔偿损失、支付违约金及其他补救措施等；最后，项目合同可约定违约行为的处理程序，如违约发生后的确认、告知、赔偿等救济机制，以及上述处理程序的时限。因此，在政府违约之后，社会资本可根据相应的程序和方式寻求解决。

主要参考文献

1. 刘尚希："公共支出范围：分权与界定"，《经济研究》，2002 年第 6 期。

2. 刘尚希："PPP 是不亚于市场化改革的一项重大改革"，中国财政科学研究院，《财政研究简报》，2016 年第 1 期。

3. 刘尚希、赵福军："提高公共服务共建能力和共享水平"，《前线》，2015 年第 12 期。

4. 刘尚希、赵福军："政府与社会资本合作：公共服务体制机制改革的切入点"，《中国经济时报》，2016 年 1 月 28 日。

5. 刘尚希、陈少强、陈新平、谭静、于雯杰、赵福军："基于治理、资源配置视角对政府特许经营和 PPP 的认识"，《经济研究参考》，2016 年第 15 期。

6. 赵福军："加快完善与 PPP 模式相适应的政策环境"，《财政科学》，2016 年第 1 期。

7. 赵福军："运用 PPP 推进'一带一路'建设"，《中国发展观察》，2016 年第 5 期。

8. 赵福军："创新运用 PPP 模式　推进新型城镇化建设"，《中国城市报》，2015 年 5 月 18 日。

9. 赵福军："推进 PPP 实践需要加快完善政策环境"，《中国财经报》，2016 年 1 月 5 日。

10. 赵福军："资产证券化是推进 PPP 模式发展的重要引擎"，《上海证券报》，2016 年 1 月 20 日。

11. 赵福军、汪海：《中国 PPP 理论与实践》，中国财政经济出版社 2015 年版。

12. 郭巍、赵福军、黄栋栋、谢更喜："加快完善促进政府和社会资本合作发展的税收政策"，国务院发展研究中心《调查研究报告》（2016 年第 125 号）。

13. 樊轶侠："运用 PPP 治理地方政府债务需注意的问题"，《中国发展观察》，2016 年第 5 期。

14. ［英］达霖·格里姆赛、［澳］莫文·K·刘易斯著，济邦咨询公司译：《PPP 革命——公共服务中的政府和社会资本合作》，中国人民大学出版社 2016 年版。

15. 金诺律师事务所编：《政府和社会资本合作（PPP）全流程指引》，法律出版社 2015 年版。

16. 杨晓敏主编，袁炳玉主审：《PPP 项目策划与操作实务》，中国建筑工业出版社 2015 年版。

17. ［美］E. S. 萨瓦斯著，周志忍等译：《民营化与 PPP 模式：推动政府和社会资本合作》，中国人民大学出版社 2015 年版。

18. 中国财政科学研究院：《以共治理念推进 PPP 立法研讨会论文集》，2016 年。

19. 郑建新主编、郭秀宏、刘文杰副主编，《政府和社会资本合作（PPP）1000 问》，湖南大学出版社 2016 年版。